夏美馴著

中華工藝美術陶瓷

傅狷夫題

傅

藝術叢刊之九

文史哲出版社印行

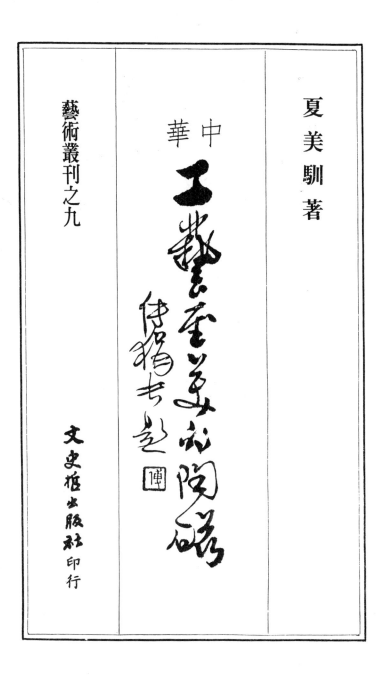

中華工藝至美的陶瓷 / 夏美馴著. -- 初版.
臺北市 :文史哲, 民82
ISBN 957-547-164-4 (藝術叢刊 ; 9)
附圖片55幅

1. 中國陶瓷 - 論文 - 批評

464.12

藝術叢刊 ⑨

中華工藝至美的陶瓷

著者：夏美馴
出版者：文史哲出版社
登記證字號：行政院新聞局局版臺業字五三三七號
發行人：彭正雄
發行所：文史哲出版社
印刷者：文史哲出版社
台北市羅斯福路一段七十二巷四號
郵撥〇五一二八八一二彭正雄帳戶
電話：三五一一〇二八
實價新台幣三〇〇元
中華民國八十二年八月初版

ISBN 957-547-164-4

中華工藝至美的陶瓷　目錄

序

夏先生是我到國立歷史博物館報到時，首先遇到的第一個人，後來恰正分發到研究組工作。從此朝九暮五的上班時間，幾乎是天天碰面，十餘年如一日；一直到他退休，仍然見到他常來辦公室聊聊天，坐一坐話些家常，所以，他猶如家人一般的熟悉。正因爲同事頗久太熟悉，若要寫到對他的印象或觀感之類的話，反而有不知從何說起的感覺。仔細想想，夏先生給我最深刻的印象有著二項：

一、辦公桌上，常常堆積如山，除公文外，都是他要隨時翻閱或必要的資料，有書、有剪報、有辭典、有影印的單張紙頭之類。

每次到他的桌前找東西，眞不知從何處找起，我們看來是紊亂無比，但奇怪的是，他自己本身腦裡卻另有一本清册，從沒有弄不清楚的，需要的東西，一找就會找到。這是他的特殊本事，我想，他在雜亂中自有自己的秩序。

二、每次一有空暇，就看見他坐在辦公桌前，埋頭不斷地寫！寫！寫！幾乎是手不離筆，筆不離手，一篇篇有關文物、考古或隨筆的散文，就在他公務繁忙的日子裡，陸續完成。有人在寫稿子時的種種怪癖，例如：有人大聲講話寫不出來，沒有抽煙喝茶，也寫不出來，夏先生似乎在任何的環境中都能定下心來寫，而且下筆如飛，幾千字的文稿，看見他坐下來，不一會兒功夫，就已完成是一篇文情並茂的好文章。後生晚輩的我們，只有衷心的佩服，學也學不來，據他表示是早年磨練出來的。

夏先生在國立歷史博物館服務期間，一邊工作，一邊求知，對於文物資料的收集特別關心。他對於中國歷代文物藝術品的背景、演進及鑑賞常有獨到的見解，能見人不見，發出精闢之論。在他陸續於報章雜誌發表的文章中，就陶瓷史有關的部分，佔著極重的份量。中國陶瓷史，約有萬年的歷史，漫長歲月中的陶瓷演進，加上近年來常常有新的出土資料出現，可談可論的主題眞是不少。如此多年的累積，夏先生談論陶瓷的專文，已有數十篇以上。何況，這幾年來國內對於陶瓷文物的收藏研究，蔚然成風，夏先生的專文編印成册，相信在社會裡喜愛陶瓷文物的人士，必可增進很多的知識與了解。

拙於文筆的我，承夏先生的台愛吩咐寫序，不敢不從，同時，我也義不容辭的幫他搜羅一些有關的圖片資料。所以，我也樂意在此敍述數語，爰以代序。藉著文集即將付梓之際，衷心祝福夏先生老而彌健，精神常新。期待好文章源源不斷，永遠流傳，讓我們更可以從他的文筆中得到更多的啓發與進步。

中華民國八十年五月林淑心于國立歷史博物館研究組

前言

造物者從遠古就賜予人類陶器的製造，解決生活上的需要。陶器經原始瓷的萌芽，更在釉的發現輔助下，使得瓷器茁壯而符合潔白、質堅、半透明等條件乃有眞瓷。

在動變相因的環境，不難明白陶瓷於整個進展過程中，它是不斷衍化的。從傳統陶瓷和藝術的觀點，瓷器能獨特成爲中華偉大發明之一，絕非偶然。有著彩陶、黑陶、陶塑，及於青瓷、漢代釉陶、唐三彩、磁州窯瓷、遼瓷、彩繪瓷器、紫砂等，暨近代的造型和釉色多所更張的陶藝，它是由智慧形成文化與文明的象徵。尤其，當進入國立故宮博物院、國立歷史博物舘等文物機構，欣賞到古今陶瓷作品的時候，更足證明時代脚步，造型各異，色澤絢麗，原是無休無止向前邁進的。

我是出生在荒僻的農村，鄰近湖沼，居家崇儉是天經地義的鐵則。幼年進餐，是用木碗、陶碗、琺瑯碗、土窯碗盛飯，直到出外就讀，或假期回里，方有使用細瓷的機會。隨著年齡增長，使我得知家常用的陶瓷器，有著兩處來源，一是江蘇宜興：罎、罐、甕、缸，甚至粗碗。印象特別深刻的，宜興黃釉劃花大荷花缸，特大的無釉水缸，和尚涅槃後的坐缸，行銷我們鄉間各莊，大概是水道便捷所致。十年前我去韓國漢城附近民俗村，也曾眼見宜興荷花缸移作浴缸的。另一瓷器的來路，就是江西景德鎭的細瓷，家中儲藏將近二十整套的杯、盤、碗、碟、調羹等，平常很少上桌。還有觀音塑像、帽筒、茶壺、瓷版畫屏。抗戰期間，我道經鷹潭，全鎮瓷肆滿街，曾購多件饋贈親友。我進入敵後，以一家瓷商倉庫暫做隱身寄居所在。那裡堆集景德鎮瓷的圓器琢器品種之衆，數量之鉅，眞是耳目一新，增加見識。回憶家藏古代陶瓷具有文物價值的，那時計有：岳家軍行軍水壺、冰裂紋的蛋青大盤，定窯白瓷香爐，俱與在日本東京國立博物舘陳列的陶瓷器皿相似。由於古今精粗陶瓷的接觸，使我從愛好到情有獨鍾的地步。及之，置身博物舘事業二十年期間，業務所及，耳濡目染，對深具藝術、歷史、科學價值的陶瓷觀摩研習旣多，留存的心得與認識，也就稍涉廣泛。

陶瓷自古即與人類發生深厚關係，製品的優美造型，加之瑩潤的釉色，呈現著秀雅的極致。而繪畫與詩詞繪寫在陶瓷作品上互相輝映，增進藝術性與裝飾性的趣味，使得人們物質生活和精神生活益加融合，增強至多價值，其在歷史文化貢獻上，尤具深厚意義。

因此，引發我就經常接觸與習學陶瓷的智識收獲，撰文刊於報章雜誌，用申喜悅之情。今春特將集稿選輯廿多篇，題名「中華工藝至美的陶瓷」，付梓面世，惠承學養豐富的往年同僚林女士淑心首肯寫序，藉光篇幅。本書的內容重點，着眼燒瓷中心景德鎮的興起、清代官窯盛況、石灣陶藝、宜興砂器、磁州民窯製器特色，兼及我國貿易瓷與陶瓷枕、成謎柴窯有無的剖析，以及畢卡索的陶藝創作等項，分別論列。自譾并無高超見解，只願供作愛好陶瓷讀者隨手翻閱的參考。

當本書於輯稿待印期中，我於暑假期間與家人去美探望兒子、媳婦、長孫的前月，有大陸湖南之行。在駐留時日中，給我有認識古窯址長沙窯的機會，目睹出土器物，憬然考古給予國人的貢獻，啓發我對湘省窯瓷事業發達的輝煌歷史的懷舊，因此，獲致概括性的一般瞭解，乃爲文列入本書之中。

有令我興奮的，書法家傅狷夫先生題署書名，作序的林淑心女士榮膺國立歷史博物館研究組主任新職，文史哲出版社負責人彭正雄先生代爲印行。國立歷史博物館典藏組主任黃永川先生的予以校正，吾友蔣善達先生幷作最後的勘誤。使我有說不盡的感激與慶幸。

謹書數語，藉作篇首的前言。

中華民國八十年五月

從始作俑者說起

四書之一的孟子，梁惠王上篇，曾經引用——仲尼曰：「始作俑者其無後乎？」的這一句話。仲尼就是至聖先師孔子，春秋魯人，名丘字仲尼；生於周靈王二十一年，卒於周敬王四十一年（公元前五五一——四七九）。

俑是從葬偶人，用之送死的。根據考古學家們田野發掘，所得出土原始資料，以及歷代文獻記載所做的綜合研究，我國古代有用活人或器物，陪著死人去埋葬，視爲隨葬物，也就是殉葬品；此一習俗的形成，可以說由來甚久，探其原因，大致不外於對祖先崇拜以及恐懼死者作祟的心理。人死棄之溝壑，是人情所不忍，在人死後的最後歸止是葬，所謂葬，根據禮記檀弓上說：「葬也者藏也，藏也者，欲人之弗見也」。基此乃有事死如事生的孝道觀念形成。另一方面，初民對人類生命有着「復身」的看法，也就是所謂靈魂，死後便是鬼魂，但生命並非就此消滅，而是生存到另一個世界裏，至於生世所有的，如人的侍候，食物、娛樂等等的供應，因而葬殉品的需求，就隨著權勢財富的大小有所異同，甚至酋長王侯竟以無分男女的生人和活的馬、狗、鹿、猴等動物來殉葬的。以人殉葬的目的，固然是侍養死者，另一作用，便是人狗可以保護死者的安寧，惟到西周已經很少發現。在馬哥孛羅遊記裏也曾經提到，韃靼蒙可汗，以及錫蘭國王在死時有用人殉葬的習俗。一先一後，中外同例，以人殉葬的殘酷和野蠻的事實，居然無獨有偶，足見人類的想法，爲善爲惡，往往有不約而同的一致。證諸我國古時以殉葬的最顯明一例，是從田野考古中曾在公元前一七六六——一一二二年的殷代大墓裏有所發現；目前中央研究院有著完整而極有系統的資料和實物，堪資查考。

早期使用眞人實物殉葬，旣是基於死者仍能存在，仍能生活的一種觀念；在實物當中，有：酒器、食器、樂器、兵器，幾乎生產工具，生活用具和自衞武器，均一併隨著死者殉葬的。種類繁多的殉葬品，逐漸成爲孔子所稱的明器，是由男女俑、鳥獸、日用器皿，房舍井灶等組成，大部分是日常生活和用具的雛型，也包括生前用物。其意義是所謂「備物而不用」且「神明之」的鬼器，這種明器改良不以人與實物殉葬的演變結果，想當在三千年前時間。依據檀弓下說：「孔子謂明器者，知喪道矣，備物不用！哀哉」。又說：「塗車芻靈，自古有之，明器之道也。」更說：「孔子謂爲芻靈者善，謂爲俑者不仁，不殆於用人乎？」採用鄭玄注說：芻靈，束茅爲人馬，謂之靈者。神之類。俑，偶人也，有面目機發，有似於生人」。

從這裏探究。孔子是一位重視人道的聖者，講求仁愛；詩經黃鳥篇曾有秦穆公以三良殉葬的記載，由有作俑，惡其始造，故曰此人其無後嗣，因此、今謂惡事的造端者曰「作俑」。其實，生人殉葬，本非秦穆公始有此一陋習，即使作俑總比人畜殉葬要高明，要人道，從葬偶人來替代生人的作法。而孔子仍有認爲芻靈者善的主張，其實改用以象人畜的木俑殉葬方式，這也是一種不違背傳統的進步。以筆者個人的觀點，倒不一定要拘泥古之葬者束草爲人，略似人形的芻靈，即或從葬的木偶人的俑面目似人，甚至面目機發，有似於生人，也不必惡其不仁。假設沒有始作俑者，今日的我們，無論在考古學、歷史學，民俗學，以及藝術史的研究上，絕沒有如此輝煌的成就，當然也不會有如此取之不盡，用之不竭的豐富材料可供研究參考的。

世間的事，往往利害得失，並不是永恒不變的，而且古今異勢，價值判斷也會常常有所遷異。古時明器殉葬，改良了用人與實物，是值得歌頌；在明器中去芻靈代以木俑，未嘗不善；但無可否認的，漸使喪葬成爲一種奢靡的厚葬，雖也有人深惡痛絕；以古論今，它留給後世的考證旣豐且碩的遺產，成爲我中華民族巨大的文化財富，是始料所未及的，孔子在下有知，當不致再惡其不仁了。

由於國人對於死者是生沒一體入土爲安是尙，隨葬的明器引人注目，也就是不及百年的事。從中央研究院，故宮博物院、歷史博物館收藏的中華文物的精粹，是我國高度文化的表徵，內中銅器，玉器、陶器，不乏是屬於明器的古物。俑偶是明器之一，吾人經常所目擊墓葬出土的俑，以陶燒者爲多，木俑仍有存在，其他質料的也有。有人認爲人形者視之爲俑、有人認爲凡是動物造型的，如習見明器中的馬、駝、狗、牛、猪、羊、雞、鴨、甚至獅、虎、兎、鷹，都視爲俑類，雖有人形的守墓神，是由魌頭演變而成，應該一視同俑的。俑與非俑的學術性探討研究，其範圍的限制，是仁智互見的問題。爲著行文方便，謹就人像的俑，於此稍作介紹，藉以了然存世的俑作。

戰國木俑現藏於荷蘭萊登博物館的，一站一跪；藏於美國紐約大都會美術館的兩者筆立，雙手已脫落，還約略見得是有「機發」使之活動的。這種雙手可資活動的木偶，或許就是孔子所指「爲俑者不仁」的這一類製作。在河南信陽長臺關出土的戰國木雕彩漆人物，雙手拱立，面型橢圓的一個木俑，相與湖南長沙戰國楚墓出土的彩漆木俑大異其趣，顏面扁平，上唇有短狹八字鬚，鼻子成銳三角突出臉部，顯露著面孔的嚴肅特色，自頸及於全身，採用圓筒形的雕刻手法，兩者衣裳一長一短，尚留有筆描的痕跡，一如武人，一如文士；說不定南北異地，雖同爲戰國楚墓出土的木俑，而雕像不一，尚可看到當時木雕的一般情形。其次黑陶舞女俑，是河南輝縣出土的，或立或蹲作舞蹈狀，戰國後期物。另尚有在河南洛陽金村出土的銅雕胡人放鳥立像，與斜領交疊，腰間束帶的銀質胡人像，美國哈佛大學弗格美術館藏的西周玉人，只有三英吋高的小件人物雕刻，假若都列入俑偶之類的話，木、陶、銅、銀、玉等都算是作俑的材料，不僅僅限於木俑陶偶了。

六十七年四月出版的美國國家地理雜誌，論及秦始皇墓中發掘出土的武士俑，是目前所知最大的陶塑。有的披甲，有的穿袍，繫帶，踏靴，脖子上裹著圍巾，秋冬裝扮，面容莊敬，雙手微張，挺胸肅立，一派武人神態。披甲的高一八四公分，寬六六公分，重一八二公斤：穿袍的高一八三公分，重一五〇公斤，計有三一四個。由此，在藝術技法上是繼承戰國寫實的傳統；二千二百年前的秦代（公元前二四六—二〇六），我國雕塑藝術的突飛猛進，確是令人括目相看，如此衆多的，而且是壯碩無比的武士俑，復又經過入窰燒製，其技術高明更是世間罕見。秦始皇的勞民傷財，爲着自己的死後來經之營之，以現代的眼光，這眞是一件愚不可及傻事，促致秦代及早的覆滅，也不無有因。但是秦始皇墓葬出土遺留現世的這些陶俑，在歷史觀點上，却帶來許多新的發現。

漢代陶塑製俑，雖仍以寫實爲其基礎，但已比較簡化。英國大英博物館所藏「六博」陶俑，兩女對跪拍手，逸趣橫生，侍者靜立，了無表情。陝西西安出土的長袍俑，紅衣女俑，具有溫婉嫻靜的女性氣質，長裙垂袖，自有一番風味。美國西雅圖美術館藏的彩繪騎馬人物俑，神態生動，馬首眼嘴表現尤佳。山東濟南出土的樂舞雜技群像陶俑，二十一個人的形態不一，有七人相對列觀，七人組成的樂隊在演奏不同的樂器，二人婆娑對舞，四人玩着雜耍，只有一個面部朝外的，或者是對着大家報告節目；這種有樂有舞的場面，可以推測漢代當時社會的風習，也多少看出娛樂方式的種種；更從人物體態服飾，去找到當時男女服制與審美觀念的根據。近由江蘇徐州出土的，有彩繪西漢立侍俑，儀衞俑等，紫帽、長袍、着履表情生動。

目今珍藏於國立歷史博物館的中國古代陶俑中，有着兩組頗不尋常的女偶，一是樂俑，一是舞俑，每組四人，眞是巧合。奏樂的只是手持小鑼杖鼓，短衣長裙，斜領闊袖，髮髻有盤髮也有雙髻的。還有一個戴着小圓帽，非常俊俏。舞蹈者的髮髻各不相同，惟俱高梳，面部富泰，而緊腰瘦長，裙裾曳地，露出雲狀尖鞋，蝶翼水袖，翩翩舞動，姿態雅麗，搖擺生風，這四個各盡其妙的舞俑，是繪彩藍紅，土質較唐代稍黑，塑刻線條簡單。另尚有武士俑，僕役俑，俱加彩繪呈絳紅顏色。其外，一對樂俑，一擊杖鼓，一彈琵琶，高髻面圓，全神貫注，有着帔巾，有的圓領。一對舞俑，髮髻高聳如花，面呈安詳神情，垂袖跨步，頗具動感，咸爲繪彩，更增美麗。

隋唐以及南唐存世的俑偶，無論文官，武人、宦官、樂伎、傭工、僕役、侍從、馬僮、武士、胡人、儀衞等，神態似活，具有高度藝術水準，由此足以反映當時社會各階層人士的生活形態。尤以在公元六〇〇年左右的唐三彩陶，製造的男女人像，融和着雕塑、繪畫、陶藝三種技術於一爐，相互配合形成一種藝術的結晶，使之成爲近代百看不厭，萬人競相觀賞的稀世寶物，也就成爲舉世各大博物館爭取珍藏的寵兒。我國立歷史博物館現時藏展的唐三彩陶，幾乎是國際無二，無怪嚮名全球。出版的唐三彩與唐三彩圖錄，爲愛好陶藝人士所爭購，唐三彩器物的複製品，成爲歐美曁日本人士最受歡迎的產物。

隋代爲時甚短，存世陶俑仍可得見，對隋代社會生活研究尚具小助。如武人俑，是當時軍人典型的形象，戴盔着帔肩，長衣有護胸，脚穿尖頭鞋，用黃白色釉或加彩繪燒陶製成的。比較一些特別的，現陳列國立歷史博物舘的有：繪彩武士，右手持一盾牌，神情肅穆無欲；另一戴着幞帓，套着帔風，兩眼圓睜，闊嘴洞開，有一種殺氣騰騰的架勢。還有一具侍女俑，腰間繫着枕形荷包，窄袖長袍，雙足着靴。在河南安陽張盛墓葬出土的侍吏俑，是一具磁像，不僅造形逼眞，且由白磁上黑彩加釉，業已顯示燒陶技術日在進步當中。尙有持鏟、持箕的陶女俑，并有陶製碾臼；還有捧壺的，以及捧燈盤的，捧枕頭的，捧水壺的，捧香爐的，提瓶的。說明隋代婦女居家要從事準備糧食的粗活，有時還得做些服侍他人的勞務。

唐代國勢鼎盛，聲威遠播，暢通四方，國內且多胡人寄居。僅從陶器製作中，彩繪與色釉幷擧，導致唐代彩色陶器的代表作——唐三彩陶的產生，那是中國陶器史上極爲特殊的作品。不僅彩色優美著稱，而所表現的形象，也都蘊含高度藝術創作，習見的騎駝與騎馬的人俑，文人、武人，侍從、仕女等像，俱在顯示唐人雄健氣質，栩栩如生的神情姿態。如：藏於美國西雅圖美術館的霓裳羽衣舞俑，細腰長裾，舞衫蓬肩似翼。陝西西安出土的三彩婦人俑，高髻似漆、綠裙白花，雍容大度，氣勢固屬不凡，姿態美妙已極，藏大英博物館的蝶冠婦人俑，高約一一三公分，是陶偶中既往少見的作品之一。國立歷史博物館現藏的三彩文武官員俑，脚踏蠻牛，揮拳欲擊的三彩鎮墓俑、三彩女童、三彩男女騎俑、三彩胡人騎駝俑，以及室內樂俑、舞俑等，更是說明唐代社會，較爲開放，對娛樂享受是很講究，使用的樂器，種類繁多，外來的也不少，例如：琵琶、箜篌、觱篥、羯鼓，都是演奏主要的樂器，在樂俑手裏使用的就有着這幾種。

唐代有很多外國人旅居中國，已是不爭的事實，因爲，唐代中國與各民族之間的來往，是相當頻繁與融洽的。在許多俑偶中看到，有胡人俑、胡人馬僮，持壺胡人，胡人居留僑民，胡人傭工、胡人少年、西方人俑、外國美女俑等，由於隆準大眼，一看便知來處。

唐代國家統一，社會經濟繁榮，因此在音樂和舞蹈與體能活動各方面，都是蓬勃的。如：三彩胡人五人樂隊俑群，三彩騎駝六人樂俑，排蕭樂人俑，加彩騎馬奏樂俑，女樂演奏樂俑，宮女舞蹈陶俑，以及彩繪打馬球陶俑，三彩騎馬射箭俑，三彩騎馬狩獵俑，俱是十足的寫照。

唐代做著家事的婦女，依然可從俑偶中看出農業社會的群像，有的舂穀、有的揀稗、有的推磨、有的擀麪，在家庭生活中親操井臼。但也有一些養尊處優的，有婦女騎馬俑，戴紗騎馬婦女像，三彩豐腴美人俑，三彩少女坐像，高髻仕女俑，雙髻仕女俑等，其面團團則與繪畫中的唐代仕女毫無分別。

南唐烈祖李昇的欽陵，距今千年，出土的陶俑，有如胡人僕役。其中一武士俑，手持盾牌，只在國立歷史博物館所陳列的一具隋代武士俑，有此類似。

及之宋代以後，作俑愈見式微，目前喪儀偶見一些童男童女的紙紮人像，聊備一格而已，於此足證一項習俗的形成，固非易事，若言改革，也非一蹴即就。孔子明器之道的芻靈，束草爲人馬的做法，在二千五百年後的今天，許多人還是不能免俗，只不過是以紙竹代替「束草」而已。芻靈的遺風，尚可從此尋到一點點的痕跡；作俑者仍是代有傳人，不知到何年何月澈底的消失無踪。

於此，我們也可以略窺昔日製陶的手工業，早有一番盛況。根據資料所載，民國七十四年在遼寧省建平縣和凌縣交界處牛河梁村發現陶塑的女神頭像，雙眼用玉石鑲嵌，顴骨高聳，面形輪廓健美柔和，神態內蘊的情感流露。一件體臀肥碩，腹部圓鼓；另一件身材修長，綫條勻稱、流暢。彩塑的兩尊孕婦，是我國年代最早裸像，約五、五〇〇〇年前物：遼寧喀左縣東山嘴出土的。

陶瓷是工藝巨擘

奧國科學家英利伯，在其著作中的中國陶瓷一書，曾經再三強調：「中國爲陶瓷的母邦」。更由於外人將中國與陶瓷同一稱謂，做一個中國人也引以爲慰，引以爲豪。而中國陶瓷享譽國際，其來已久。不僅在清代中英貿易初期，中國出口以瓷器爲大宗，上溯到宋、元，中國瓷器遠銷歐洲、中東、韓、日等國，分門別類的貿易瓷，曾經是外銷最惹人注目的貨物，殊不知，就是中國文化的輸出。

近年流落海外的中國陶瓷，紛紛運回國內展出，正可套用杜甫的：「少小離家老大回」的詩句，讓國人重溫中華文化優美精深的綺夢，記得從美國華李大學運來中國貿易瓷展覽的，完全爲適合西洋人口味，賺外國人錢財的貿易瓷，那種專門爲外人設想所燒造的瓷器，有著新鮮的感受。

國家畫廊曾經展出的一六二件中國古陶瓷，本由香港「求知雅集」提供，那是三十五位會員遠從各國蒐購所得，經會長謝兆邦等人倡導，表達僑胞愛國熱忱，運回作四十二天的展出。規模之大，計劃之詳，算是歷史文物展覽最縝密的一次。不僅在陳列場所佈置適切，櫃櫥放置妥當，而各種說明與圖表，簡明扼要，字體工整，室內安全維護，通光通風等項，都有很好的安排。並且，將中國製作陶瓷的過程，用實物與文字圖表，有著系統的介紹，兩相比照，一目瞭然。另外，印行彩色陶瓷專集，展覽摺頁，大型海報，也可以說，爲學辦展覽做一示範性的模式。何況，每在星期六下午，分別邀請陶瓷研究有素的專家學者譚旦冏、陳昌蔚、吳讓農、童依華、劉平衡作不同題目的演講。觀衆的入場劵，依然還是五元、三元。

在同一時間，蘇富比國際拍賣公司，首次也在一個藝廊裏，作五十二件中國古瓷的展覽，惜爲期甚短，只有兩天，票價五〇元，較諸國立歷史博物館昂貴十倍。有一位燒造瓷器的人士，竟然透過中央日報記者的生花妙筆，認爲蘇富比的瓷器大多出自「官窰」；「求知雅集」提供的，「大批可能爲民間的窰製品」。這種不負責任的黑白講，應該稍稍仔細鑑評再說。判斷過早，不是陶藝家的「權威」。

「官窰」與「民窰」，其界說如何？應從中國陶瓷發展史去作一番探討與研究。燒瓷與玩玩泥巴的人，對中國古瓷遽作「官窰」與「民窰」的論斷，那「專家」似乎失去了地位與尊崇。殊不知，年代的久暫、地域的分野、潔白與質堅與半透明三要素的認定，還有瓷的本質、紋飾、製瓷者的手藝，以及種類、窰系、釉色等項的入微觀察。精彩華美，固爲審美者的眼光所繫，自可頓見。而「官窰」與「民窰」的區分，實爲複雜，一語破的，誠非易事。似應從多方面去觀察，多研摩，多細心考據。從數千年歷史中略窺陶瓷的堂奧，人說：「百聞不如一見」，才是眞傳。因此，就「求知雅集」的中國陶瓷裏：早期陶瓷、唐三彩、唐宋北方窰系、遼金三彩、宋金元磁州窰系及北方黑釉器、宋吉州窰、建窰、元明青瓷、元明青花、釉裡紅、明單色釉、彩瓷、清青花、釉裡紅、清單色釉、清彩瓷等，尋尋覓覓，去發現前人的智慧與技藝。昔時外國人所讚譽我們的陶瓷，成爲今日歷史文物的精華，絕非阿諛其辭，或人云亦云的泛泛之論。

精美的、典雅的、姸麗的古瓷，不僅面對杯、盤、碗、碟，「笑問客從何處來」？且要看看最佳的上品，倒底是有著那些特徵？

古代精華的陶瓷

研究陶瓷的人，慣常陶瓷併稱，從泛論來談，陶瓷猶如箕與豆，幹與枝，有著血肉相連的關係存在；當然，若是嚴格的劃分，陶是陶，瓷是瓷。可是由陶進瓷，仍然經過胚胎階段與原瓷階段，方始步入純瓷階段。

人類求生存，在保全生命，維持生活，自然以飲食爲主，掙扎奮鬥中，必須謀求工具的發明。因此，摶土以坯，曝以日光，成爲陶器，用以盛水貯物，遂有「神農作甕」的說法。留存今日的，有彩陶、黑陶、拍紋陶；還有灰陶、紅陶、白陶，以及硬陶敷一層釉的，從殷商陶器發現中得到證明。周代文化禮儀精進，陶器更有長足進步，專掌陶土之事的有陶人，專用陶鈞製造炊器，有旊人專用模型製造禮器，漸及於日用、喪葬、敬神、建築採用陶器。關心我國古陶收藏的人士，看到國立歷史博物館衆多的陶器，由史前，到漢唐，林林總總，足可飽覽無遺。至於談到瓷器，就會聯想到國立故宮博物院的豐富收藏，宋元明清四代的官窯名瓷，眞是嘆爲觀止。

其實中國的瓷器，船運歐洲，成爲私人收藏的寶物，且爲商業競爭的對象，在一五一七年，就由葡國獨佔中國的陶瓷貿易，在十七、八世紀的中國陶瓷製品，形成中國與歐洲國家間貿易密切關係。如今國際間許多規模甚大的博物館，都有數量可觀的中國瓷器，私家收藏更是不在少數。有的由貿易、贈與得之，相信也有被掠奪，更有從海中陸地出土始被發現的。中國古代文物的流落異邦，固有人引以爲憾，若從爲中華文化作前鋒，讓國際間以擁有中國瓷器爲珍寶的觀點，何嘗又不是中國列祖列宗所贏得的光榮？

創立於一九七八年的香港求知雅集，會員三十五人，由謝兆邦總其成。這批熱愛中華文化，弘揚歷史文物爲職志的人士，他們將點點滴滴的血汗，凝聚成瓌寶珍藏，在海外蒐集的古代陶瓷，依稀還有外邦人士多年收藏的痕跡存在，具有一股物還原主的熱愛，精選一六二件代表性陶瓷，運來臺北，再由國家畫廊公開展示四十二天，是三十年來海外歸來的，最精彩的中國古陶瓷展覽。

大類來分。有：早期陶瓷、唐三彩、遼金三彩、唐宋北方窯系、宋金元磁州窯系及北方黑釉器、宋吉州窯與建窯、元明青瓷、元明青花及釉裡紅、明單色釉與彩瓷、清青花與釉裡紅、清單色釉、清彩瓷。若以年代來說，一件新石器時代甘肅仰韶文化半山期彩陶壺，是史前時期的產物，一時尚難斷定其確實的年代。從二六五－一八二〇約略一千五百五十年間，被蒐集一六二件陶瓷器的精萃，誠屬洋洋大觀的展覽。

爲使讀者獲致該項難得一見的陶瓷概念，茲再稍加分析，藉以提高愛好陶瓷與欣賞及收藏的雅興。史前僅有一件，西晉東晉各有一件，唐十四件、宋三十件，金一件，遼二件，元九件，明五十一件，之不易，須待清五十三件。而唐代陶瓷俱全，明清兩朝的瓷器，均有歷代建元可資查考，多多少少也可看出當時興衰隆替，來作爲歷史的佐證。例如：從缺的瓷器中，明代惠帝建文，在位四年，或因諸王被廢，燕王掀起連亙三年的戰爭所致。仁宗「洪熙」在位只有短短一年。英宗「正統」即位十四年，未見其年號，復在七年後的「天順」八年裡，得見其一件；而代宗「景泰」凡七年中，也未有這一年代的出品，或許由於英宗親征瓦剌，兵敗被擄八年始行復位所致，値得參考。

清代世祖「順治」在位十八年，見其年代的瓷器僅一。雖然景德鎭是清代產瓷的中心，但當明末李自成殘毀所及，窯戶凋零，至順治十一年，始改明朝御器廠爲清所有，御窰只是部分恢復，到十七年即行中止，所存瓷器至尠，且不著名。及之宣宗「道光」、文宗「咸豐」、穆宗「同治」、德宗「光緒」、宣統計九十一年間，相信還是有著精良瓷器的製作，但是求知雅集諸君並未選展，或許清政日衰，景德鎭曾又爲洪楊破壞，瓷業不振，出產亦稀，無絕佳者得獲收購所致，也未可知；明、清兩代的瓷器沿習書款年代，其他缺少的，相信仍是有人珍藏，若遽謂有些朝代確缺名瓷，似嫌武斷。

展品中造型美妙，瓷色秀麗的實在很多，僅就稀少別緻的，略加介紹：

西晉的青釉辟邪。根據古籍所載，它是寓有辟除邪惡的珍獸，因此雕刻作爲物飾。形狀穩重，背中有孔，儲水滴注的可能性較大。另一東晉青釉褐斑的羊尊，兩角彎曲，昂首伏地，兩眼睜大，烱烱有光，是一座很有質感的製品。辟邪長一三公分，羊尊長一五公分，俱是青釉的。

唐三彩立獅，高七・三公分，活似一隻頑皮可愛的小貓，造型和它的神態，非常動人。

宋天藍窯變紫斑鼓式洗，徑二四・二公分，宋天藍釉鼓式三足洗，徑二〇公分，鈞窯出品。前者底鈐「二」字，後者底鈐「六」字，俱是正楷，無論釉色和造型，二者非常類似，只有稍分大小與色調淺淡的微微差異。

宋白沿紋釉盌，徑六・九公分，裏裏外外有一種不規則的黑色花紋，相與白釉配合，從其雜亂無章中，益見其紋路自然的迴旋，這是在衆多瓷器裏，難得一見的紋飾，很像一塊自然形成的大理石的紋采。

宋黑釉繪褐花紋大罐，高三七・三公分，看樣子應該有一個罐蓋，假如有的話，那該多完美。另外一件宋黑釉繪褐飛鳥紋罐，高二〇公分，腹部黑底，繪著醬紅展羽的飛鳥，實際活像是花葉有規則的分佈，非常美妙。瓶口突出的唇邊，猶如螺旋。宋黑釉繪褐花繩紋罐，高二一・九公分，腹部也繪著花瓣勝似鳥在飛翔，寬濶的口邊，裝上繩紋的提把，眞是巧奪天工，美不勝收。宋黑釉堆白線紋雙耳罐，高一八公分，一根根筆直的白紋，陳列在整個罐腹，有如黑夜裏林立的發光燈柱。宋黑釉「飛白」紋罐，高九・五公分，白色點點，恍如暗夜雪花飄零，浮動似活，都是些宋代北方窯系的極品。

元末明初釉裏紅纏枝牡丹盌，闊二一・五公分，盌邊繪著廻紋，牡丹壯碩，透露着釉裏紅色，枝葉環繞，勻稱玲瓏。明萬曆藍地白花雲鶴紋罐，高三七公分，從正面看，有二十七隻白鶴，引頸伸足在雲端飛翔，白雲冉冉，朵朵成花，悠哉白鶴，閒哉朵雲，令人不無飄飄然之感。

還有明清的青花、郎紅等單色釉，鬥彩、五彩，琺瑯彩的盤、盌、罐、瓶，更多更美的名瓷，得慢慢玩味其精其美的奧妙。

瓷的光潔名「假玉」

燧人氏、神農氏是製陶的鼻祖。由於先民穴居野處，茹毛飲血，爲求熟食，搏土作坯，曬乾成爲土器。到神農、伏羲掘土作成穴灶，以火燒土就成素燒的陶器。俟有裝飾，固在表現愛美，也是辨認陶器的用途。漢代始有瓷的名稱，且發明各色釉藥，更有新平（浮梁舊名，今之景德鎮即在浮梁境內）瓷場。產瓷光潔，乃有假玉的美稱。

陶瓷本是一家親，漸漸演變陶與瓷各有所歸。但是，漢代的瓷器，既不白又非半透明，只能稱之堅緻陶器，或有釉的陶器。今見晉代青瓷，精美堅緻，堪稱天青色釉的初祖，青釉褐斑羊尊是存世的東晉產物的佐證，窰址甌越，就是現時的浙江永嘉縣與餘姚。隋代河稠造綠瓷。唐代文物鼎盛，達到眞正瓷器的成功，有著「假玉」的美稱，瓷已備具潔白、質堅、半透明的三個要素。

十國的吳越的祕色窯造於越州。所謂祕色，一爲專供吳越王自用的瓷名；實際是一種青藍色的瓷，唐時已經有的，只不過經加改造，特命精工燒製。至於五代柴窰，說是後周柴世宗所燒，器青如天，明如鏡，薄如紙，聲如磬，滋潤細媚，爲往昔諸窯的翹首，概括的來說，俱是青瓷。

宋瓷輸出國外，運瓷赴歐的價值與黃金相等。最著名的窯，有定、汝、官、哥、弟等，瓷色燦爛，艷麗絕倫。

元代瓷器是承繼宋代諸窯製造的，只是稍染元人習俗，樣式有的奇特是前人未有的。花紋亦有印花、畫花、雕花諸種。五彩戧金的瓷器，尤其盛行，燦爛光輝，氣焰萬丈，亦足顯示元代武力，席捲亞細亞，併吞大半歐洲的餘威，雖然元朝不及百年，而在造瓷上却有著特殊表現。

明代瓷業臻於頂點，且受波斯、阿拉伯藝術東漸的影響，相與我國原有藝術相溶合，有著異常的精采，釉料採自外國的日多，使得景德鎭的瓷業中心愈加發展。宣德窯，成化窯的青花，五彩，與其畫樣草蟲、魚藻、瓜茄、牡丹、葡萄、人物等，筆意高古，無不精妙，益發促進工藝的輝煌騰達。

清代瓷器是繼續明代的繁盛，依舊是以景德鎭爲其中心。一面派遣專人駐廠督造，進貢御用；一面模仿古代名瓷，力求其精；更在不斷的發明新意，使得工良器美，艷稱一時。在清代十朝中，康熙、雍正、乾隆所製的瓷器，仿古採今，集瓷器的大成，華腴富麗，窮秀極姸。

我國燒瓷，景德鎭的御窯出品，固然是絢彩華美，難與匹敵，而中國地大物博，各地設窯製瓷，其中有長沙窯、鼎山窯、蜀山窯、象山窯、潮州窯、石灣窯、佛山窯、博山窯、宜興窯等，民國以來，仍舊繼續製造。臺灣省目前的瓷器製造，無論是日用、祭祀、擺設、玩賞，俱稍有成，惟須不斷努力，在仿古與創新上多下功夫。

談瓷有著一些小事，附帶略加說明的：

清代瓷器，歷朝均書朝號，僅同光時間有僅書「大清年製」的。世傳所謂「窯變」，色彩光怪奇麗，古人未知其所以然，受著神祕思想的作祟，恍惚離奇，視若鬼神，實際是由於酸化作用而發生，因此，天工開物、清波雜誌，博物要覽附會之說，均可作爲一種笑談，萬勿再涉迷信。

最後略談「瓷」「磁」的分野，景德鎮造瓷使用白墩石、高嶺土熔合製成瓷器。磁州窯（今之磁縣彭城鎮）用的是磁石，窯製慣稱磁器，日本常常喜用「瓷」「磁」不分，雖然，磁州窯是我國的北方燒瓷中心，但我們仍然應該有所區別。

六大朝代的瓷器之最

中國數千年來陶瓷史實，從海外暨國內珍藏的許多珍品中，不難獲得明證。而陶器到了漢代，有一最大進步的變化，厥為「瓷」字在漢代的發現，說明確有著瓷之為物的存在。當然，這是一種瓷的前兆，尚不能算是眞瓷。也有人說，周代就已有「瓷」，那僅僅是一種較堅緻的陶器。

文化的發展，文明的昌隆，無可否認的，中國陶瓷的演進與精美，足以傲世。而且，自唐及宋迄至清代，中國瓷器精品流落海外的，非常可觀，姑不分析其原因何在，站在珍惜中華文物的立場，不無微表遺憾。而在一九七八年成立的香港「求知雅集」，三十五位會員珍惜的古代陶瓷，精選一六二件，運來臺北公開展示，若以宏揚中華文化的觀點，固然意義非凡，即在藝術欣賞的看法上，足以給人一飽眼福的大好機會，何況，更可增進世人對中國古代陶瓷發生較大的興趣。

在這些精緻陶瓷器中，事實上無法來作較比詳盡的介紹說明。為使國人瞭解中國陶瓷史的重點，選擇一些「求知雅集」的珍品，來作重點的敍述，或有助於對中國陶瓷認識。

在早期陶瓷中，有一件高二五・一公分的新石器時代的甘肅仰韶文化半山期的彩陶壺。那是人類控制了火，將土器燒硬，變成陶器，用來盛水、貯物、作食器的代表物。這一彩陶壺的史前遺物，繪著粗細紅黑線紋，右頸有把，便於提攜傾倒，腹碩頸高，造型美妙。顯示著我們祖先的智慧。

晉代甌越窯所出的青瓷，可稱珍品。甌越即今之浙江境內。二件中一是青瓷辟邪形水注，長一三公分，一是東晉青瓷褐斑羊尊，長十五公分，形制釉色俱惹人愛。實在，由於兩晉間，歲歲爭戰，文物凋零，保存迄今，算是一項稀罕的寶物。

唐代陶瓷最貴重的傑作，莫如「唐三彩」，以黃、綠、青等色爲主。有男俑、駱駝、馬、牛、獅等明器，還有雁紋三足盤、貼花罐、四瓣花枕、印花小盌，這些唐三彩器皿，花紋線條，富麗典雅，凡是看到的人，無一不加讚美的。白瓷貼花雙龍瓶、黑斑白瓷胡蘆瓶，潔白精美，算是眞正瓷器的鼻祖；無怪有「假玉」之稱，爲世所珍。

宋代瓷器，集前代大成。展出的竟有三十件之衆。其中値得介說的，有着下述六個窯系燒造的珍品。

宋窯有南北分別。北定是在河北定州所燒，南定是在江西景德鎭一帶所燒的。其釉透明稱爲粉定，亦名白定。一件徑二三・八公分的白瓷盤子，畫有牡丹和龍紋，典雅妍麗，美妙絕倫。盤底貼有一九五〇年原藏的標籤，證明是從流落海外而重又回到國人懷抱的。

耀州窯，即今陝西省耀縣。有着金紅粉刻畫荷花紋盌、徑二一・二公分。刻畫水波折枝花紋盌，徑一四・二公分，印纏枝花卉戲嬰圖盌，徑一二・六公分，有人評鑑這兩件青瓷，形樣精巧，色彩極富變化。

鈞窯，河南禹縣，宋稱均州，根據昔號均臺而來，設窯燒造，世稱鈞窯，專造彩色。當中的紫斑鼓式洗，徑二四・二公分，經過窯變，底鈐「二字」。因爲鈞窯的瓷器，青藍色是列雙數，說明其器乃是佳作。所謂窯變，昔時頗多神話。恍惚奇離，展讀天工開物、清波雜誌、博物要覽、豫章大事記，所紀甚詳。其實是由於酸化作用產生窯變，往往會有着意外精品的產生，這種變化尚非人力所可控制。

磁州窯以磁石製泥爲坯燒器，佳者與定器相似。如：金紅綠彩荷花紋盤，徑一四・六公分，白紬畫直線紋盌，徑十一・七公分，白釉剔花卉珍珠地「福德」銘枕，闊二〇・五公分，白釉剔纏枝牡丹紋罐，高一四公分。黑釉褐斑小口瓶，高一九公分，黑釉繪褐花繩耳罐，高二一・九公分，黑釉堆白線紋雙耳罐，高一八公分，花紋樸素豪健，爲宋時傑作，釉色如漆，光閃耀目，想像中的黑珍珠，也難比擬的。

吉州窯，在江西吉安。黑地木葉紋盌，鸞鳳玳瑁斑紋盌，是爲展示中的吉州窯的出品，大可與磁州窯對比鑑賞。

建窰燒於福建的建安，亦號烏泥窰。常於黑色中顯著銀色白波紋，在展有「兔毫斑」盌，徑一四・九公分。

元代甚短，僅九十一年，瓷器皆是繼宋代諸窰製造的，裝飾亦有印花、劃花、雕花諸種。所有青器、青花，最能代表的，如：青瓷貼雙螭紋盤、青花鳳凰牡丹紋梅瓶，俱爲浙江龍泉窰系燒製。

明代洪武、永樂、宣德、天順、成化、弘治、正德、嘉靖、隆慶、萬曆、天啓、崇禎各朝的青花器俱全。另有青瓷，祭紅、黃釉、鬥彩、五彩瓷器。惜欠缺建文、洪熙、正統、景泰、泰昌五朝年號的。明代瓷業，技術高超，更因波斯，阿剌伯藝術東漸，相與我國原有藝術溶合，致有異樣精彩，瓷面屢見梵文、回文。且宣德、成化作品，前者以青花最貴，後者以五彩爲上，形成明瓷的第一位，各有特長，各具精華。正德則以礬紅最佳，隆慶、萬曆闔搨花紋是尚。

清瓷精選五十二件，幾佔「求知雅集」展出的三分之一。從單色釉、青花、釉裏紅、彩瓷，包括「素三彩」、「鬥彩」、「琺瑯彩」、「五彩」。順治、康熙、雍正、乾隆、嘉慶五朝中，順治朝的青花瑞獸紋盤一對，徑一八・七五公分。康熙青花寫「聖主得賢人頌」筆斗，闊一九・八公分。雍正青花波濤紋方口小瓶一對，高八・九公分。乾隆豆青僧帽小壺，高十公分。嘉慶珊湖紅地五彩描金嬰戲圖盌，徑二一・二公分。顯其精巧華麗，豔麗非常。渾樸古雅，雖然不若前代，而瓷上的花紋裝飾，兼之施以人物、山水、花鳥各種寫意的繪畫，更有凸花、暗花、花果、象生雕刻，極盡文明之美。尤以，康熙瓷上的繪畫，皆具名家筆法，實爲有清一代的翹楚，即名人書法，亦爲前代所少見的。

清代瓷器足以媲美明代的盛況，當以康熙時代開始。首由藏應選爲督理官，世稱藏窰。當時景德鎮業已完全恢復，製造精美，仿造定、汝、官、哥、均諸窰及明代精品，維妙維肖。繼有江西總督郎廷佐，監督造瓷，模倣明代成化、宣德，世稱郎窰。雍正時復將列爲賤民的陶工，下解除賤民諭，宣佈四民平等，自此，陶工一躍成爲工藝家。更有年希堯爲督理官，瓷業大有進展，再有唐英、劉伴阮先後爲其協理，所仿宋代青瓷，俱爲成功作品。另前所未有的「粉彩」，艷麗雅逸，風播一時，所繪花卉，純屬惲派，沒骨之妙，上追五代，草蟲奕奕有神，宛如生物。又有繪著小兒遊戲，西洋人物，活躍傳神，皆可從展示清代佳品中，得見全貌。其實，亦得力於「官搭民燒」的制度所致，益加增進清代瓷器的嬌美！

茲就瓷器進展的益臻佳美中，特對晉、唐、宋、元、明、清六大朝代的製品予以論列，從中藝術的創造，前人的奮勵精神，是屬中華民族光榮的一大實證。

陶瓷發展過程與景德鎭興起

人類文化的發展，俱衍生於生活的變化，因此，文化與生活互爲表裡而且聯爲一體難以分割的。當人類生活上的需要，必須借助器物時，器物的產生與存在，便是文化的進展表現。何況，人爲萬物之靈，有異於禽獸，主要的，人類得天獨厚的那便是智慧，所以，人類終於從物種中脫穎而出，在宇宙間充當主宰的角色。

就人類生活方式而言，是藉器物以助長其生活的改善，從茹毛飲血、掬水而飲，架木爲巢，穴居野處的原始生活中，就必然還沒有適合的器物支持。若以吾人理想來推論，先民根據農業經濟發展的實際生活需要，力求方便之道的，最先前的要煮熟食物和糧食儲存，希望有一種能耐火燒的盛器，由於智慧的啓發，人類就利用垂手可得的泥土和水，混和使之有黏性和可塑性，再用雙手隨意塑造自認需要的各種形狀，經陽光曝曬，硬化泥坯，取來盛物，若是泥坯經過一定溫度火燒，既可耐火，又能盛水，一直到水沸食物煮熟爲止。這種能耐火燒的盛器來爲人類燒煮食物，較諸使用蚌殼之類或是果殼盛物利便多多，因此，摶埴器具的發明，促進生活方式的推前一步，是根據自然的需要應運而生，遂有土器、瓦器、進而爲陶器、瓷器的產製。所以，在中國歷史上，遠古的摶埴文化所成的器物，被稱做陶器。及之，中國信史之初，也正是殷商時代陶器鼎盛的階段，超越土器與瓦器的發展，陶器製作便是當時高度文化的成長象徵。可是，其發展過程，必然的是要經過一段漫長的摸索與歷煉，方可留傳於後世，明白當前遺留的許許多多先民使用過的陶器，那是經過千辛萬苦而得來的人類文明進步成果。

中國社會在商代進入文字記載歷史的階段。加之，借重於考古學研究地下遺存的多量陶器、豐富多彩，形色多樣，年代可靠的實物資料，爲考古工作者開拓由文字記載和出土文物判斷當時社會面貌的了解，并使史前社會無文字記載的空白，捨石器、骨器等外，塡實的重負只有仰賴陶器。所以說，陶器是先民社會狀況的證物，也是中國史前時期的最大功臣。

陶器出現，根據考古資料所得，中國是在距今七〇〇〇—八〇〇〇年以前。而中國彩陶已確定發生於新石器時代晚期，約當公元前三千年至二千五百年間。彩陶之在中國有著先後之別，史前與史後約經二千年的發展。根據發掘結果，一在甘肅走廊地帶，幾乎已被公認是彩陶民族的大本營，但只是中國發展彩陶的中點與終點。有說中國彩陶的起點，應自新疆的天山北麓或準噶爾盆地的西境算起。另一是自山西北部太行山谷南下越跨黃河進入中原，南至湖北。隨著民族分生與分佈，滋長橫貫中國北疆的長城一帶。考古學家梁思永曾以整個華北就有彩陶的描述。不過，世界通史載：西亞蘇美人所建城邦解體敗亡，因之，遷徙而將他們的文化傳佈世界各地。彩陶文化發展，有人認爲不可能在世界遙遠的兩端，只有一個源頭，就是世界人類文化之源，不是中國就是西亞。也有人以爲「同一時代內先後會發生兩種相同到屬於一個系統的文化」，在中國彩陶遺跡考證上，安特生的貢獻是不可抹煞的，他著的「中國的史前研究」中，所稱的仰韶期爲中國的彩陶文化年代是在公元前二千五百年左右，對於我國古代文化發現功績來說是不容置疑。

現代考古學家在河南、山西、陝西、甘肅一帶彩陶文化層中發掘的彩陶有蛻變爲黑陶趨勢，以器色作標榜的文化，是中國繼彩陶文化以後一大發現，世稱龍山文化或黑陶文化，初掘在山東城子崖的出土物，包括紅陶、黑陶、灰陶等色調，其典型的黑陶；光澤黝黑認是史前文化進步的表徵。從陶器的繪製圖案、陶塑小豬、樂器陶哨等出土，更說明其進展。製作上用泥土做成器形，由不燒到燒的變化階段，頓使陶的命名形成工藝的一項突破。更有「陶鈞」的創造發明，人類在製陶上使用機械裝置，採用輪製技術。製陶原料的摻和的利用，氧化鐵色料塗抹，用之豐富人類精神生活，是非常的難得。成品不僅於大到建築方面，如：版瓦、瓦當、瓦釘、欄杆、磚、管，以及「明器」的兵馬俑群、瑰麗如唐三彩，有著人物和動物兩大俑類分別出現，促成製陶工藝上和雕塑藝術上的重大成就。

從陶發展到瓷的過程

國人常喜將互有關聯的單音集結成句，如：陶瓷、書畫、陰陽、冷暖、男女等。尤其陶瓷似乎猶如兄弟，其實在標準上有著顯著的不同。陶的演變，由彩陶而黑陶，已略如前述。至於由陶至瓷，是一條艱辛漫長的過程。

在中國歷史認爲殷商時代是我國的陶瓷階段，實際商代的原始瓷即有出現。確定的說，在西元一世紀的東漢時期，已見成熟青瓷。過了大約七百年左右的時間，西元八世紀的唐朝中葉，我國瓷器已經通過著名的「絲綢之路」傳入阿拉伯，是爲中國貿易瓷行銷海外的開始，引起人們極大興趣和無比的喜愛。埃及人把瓷器稱爲「綏尼」（SiNi ），意思就是中國的或中國人的。並且，還大量仿造中國的瓷器。到了十七世紀和十八世紀初，中國瓷器也已輾轉傳到歐洲，其價値竟然和黃金同樣的貴重，但運銷歐洲的限於路途遙遠，交通不便，數量爲數不多。惟近年以來的考古工作積極進行，從黃河流域及長江流域以南地區，在商周時代遺址上的發掘，出土的原始瓷器證實商周時代業經存在。成熟的眞瓷出現，應在東漢時期，該是沒有疑問的，中國瓷器的發明，較比歐洲一些國家提早約有一千七百年。我們可以說明我國陶瓷發展，大體經歷三個階段。第一階段：學會製陶。第二階段：學會製造原始瓷器。第三階段：學會製造眞正瓷器。

我國原始瓷器和眞正瓷器的發明歷有年所。但對瓷器的所具標準，似應有明確的說明。宋代大觀（一一〇七～一一一〇）年間定窯崛起，認爲瓷質白色，釉質均勻，器地瓷化、堅實、瑩澈作爲瓷的標準，其實所謂瓷化并不代表就是瓷器，瓷固瓷化，事實上現代瓷器的標準，應該是必具潔白、質堅、半透明等條件。因此，我國陶瓷的分野，是演進到瓷器以後；明、清兩代的士大夫、收藏家及鑑賞家之流，於把玩鑑賞之餘，遂以早期極負盛名的五代後周的柴窯器作論，依據谷應泰之「博物要覽」所載：昔人論柴窯說：「青如天、明如鏡，薄如紙、聲如罄」的頌讚詞句，據而定出當時瓷器的具體形象，無形中成了現代瓷器的標準，也成爲現代世界各產瓷國家的共同標準。其對產品所追求的最高準則，瓷器必須具有：潔白、質堅、半透明、擊之可發清脆的金玉聲等條件，缺一不可。（柴窯有無另當別論。）

青瓷實為我國瓷器的鼻祖

我國古代從陶到瓷的演變過程，實際是經歷陶、原始青瓷和青瓷三個階段。由工藝發展過程來看，原始瓷和青瓷是一脈相承發展起來的。從商周到東漢時期的一千年左右，那是陶器趨向瓷器發展的過渡階段。

我國先民能夠發明瓷器，這是把陶器發展成爲瓷器的過程中實質問題，欲想突破太不簡單，那就要在技術層面作三個重大的突破，也就是由陶器現有基礎上，去發明創造瓷器的重要條件，進而使得我國成爲世界各國最早發明瓷器的國家，獲致人類歷史上一項值得稱頌的莫大光榮。

一、先談最根本的、也是最重要的第一個突破：

從考古發掘所得，在許多被發現的美麗彩陶、紅陶、灰陶、黑陶和白陶當中，以其外觀與化學成分來衡量，先民所使用製陶泥土，有目的有意識地已加選擇合於燒陶幷用淘洗方法去除泥土裡沙粒、石灰、草根等雜質。而且、燒陶泥土原料，就是現在稱做含有高嶺土、雲母、長石和其他黏土礦物的黏土。高嶺土能燒陶，更是由陶過渡到瓷的首先奠定的基礎，發揮後世提高我國瓷器質量的最大作用，這無異是中華民族的驕傲，讓世界各國沿用高嶺土的此一美名。

二、從無釉到有釉，是燒陶技術上又一重大突破：

為著避免陶器粗糙，表面易於吸水和污染，採用修括、磨光，仍難合乎要求，使實驗逐漸改進，創造發明石灰釉。在商代遺址中，就曾發現塗有灰黃色或青灰色釉的陶瓷。西周時代遺址就出現更多帶有其他色調的青色釉。這些釉大都是用石灰石和黏土配製而成的石灰釉，黏土含有鐵質，在氧化氣氛中燒成青黃色，甚至灰黃色；在還原氣氛中燒成，顯示青色或青綠色，因此，統稱青釉，也就是我國後來著名的青瓷釉的原始產物，民國五十五年河南鄭州出土的商代原始青瓷印紋尊，它是青瓷釉的「先祖」，經一二〇〇度左右高溫焙燒而成高嶺土作坯。施以玻璃質釉。

石灰釉我國一直用它幾千年。即使明、清時代，也只是減少石灰含量而製成石灰－鹹釉。

三、要使陶器向瓷器發展，燒成溫度提高，是第三個重大的突破：

我國新石器時代，燒陶溫度都在攝氏一、〇〇〇度以下，就商周原始瓷器測試，燒成溫度有達攝氏一、二〇〇度左右，比陶器要高二〇〇多度。因此，先民就其實作所知謀求發展，必須由提高燒成的溫度着手，也就形成陶器步向瓷器進展的過程中一大努力，成就了我國製陶技術另一重大突破，使陶器邁向成熟瓷器開創一條新的途徑。

我國既往的科學發明，本著成就來說，瓷器當是我國的偉大發明之一。它的影響遍及世界，這是歷史事實不容否認的。中國瓷器品種很多，最先發明的應是青器，所謂青器就是青釉器，胎質比較緻密而符合瓷的標準，也就叫做青瓷。在浙江上虞小仙壇窰址出土的東漢越窰青瓷，是目前發現年代最早燒造比較成熟的瓷器。在南京博物院展覽的三國（吳）與兩晉青瓷的器皿，有吳的羊尊—西晉猛獸尊等產品。國人愛用瓷器大部分是青瓷，流風所至，日韓兩國無不如此。（高麗的康津窰、扶安窰青瓷已有製造）我國最早發明的瓷器是青瓷，何以不是白瓷？爲何在古代青瓷比白瓷更爲普遍？其主要的因素，在於要燒製外觀潔白的白瓷，首先要有合適的瓷土，特別是含鐵量較低的瓷土。可是，這種含鐵低的瓷土礦在地面上分佈不多，要想取得并不大容易，而含鐵量較高的瓷土礦就分佈較廣，自然易於獲得。尤其，古代由於地理上的限制，特別是在交通運輸的不方便的條件限制下，對於大量需要的原料，却只能就地取材，就地使用，自較經濟，所以，古代大多數窰場，用含鐵量較高的原料來製造瓷器，若以博物館中陳列的原始青瓷和早期青瓷，給人的印象，有一些釉的色調黃不黃，青不青不太惹眼，主要的是用含鐵量較高的瓷土燒製的關係，而胎質又呈現著灰白的顏色所致。

青瓷是遠在商代（紀元前一六〇〇—前一〇二八）就在灰釉陶器上見其端倪，要達到高溫一、三〇〇度，所以，青瓷便成爲中國瓷器的代表名品，歷三千五百多年而享盛譽。江南有越州窰、黃河以北則有邢州窰、定窯、磁州窰，成爲青瓷製造的中心。漢代（紀元前二〇六—二二〇）楊子江南岸地區的浙江紹興、杭州，燒造青瓷盛行，擴及河南、河北等地，越州青瓷窰系最是活躍。唐代（七二—

九〇七）、五代十國時代（八五〇—九六〇）浙江省有餘姚窰、紹興九巖窰、越州秘色窰。影響所及，使得汝窰所造的北方青瓷，勃興於北宋時代。南宋官窰、龍泉窰的青瓷鮮明文樣，粉青優麗典雅，具厚重古風，依然風華健在，爲世人所喜愛的瓷器。

就發掘的，如：江蘇省境南京趙士岡墓出土有紀年銘文的吳大帝「赤烏」（二三八—二五〇）十四年，（按：赤烏只有十三年、十四年已改稱太元元年）會稽上虞師袁宜造」的青瓷虎子（尿壺）。他如晉代（二六五—四一九）墓掘青瓷天雞壺，南朝時代（四二〇—五八九）墓掘越州窰青瓷，還有隋朝（五九〇—六一七）安陽墓掘的越州窰青瓷碗壺等器，足證青瓷受到全國重視的程度。

青瓷以龍泉產品最爲出名，它在浙江省南部，是我國古代著名的青瓷產地，從甌江兩岸和松溪上游，已經發現龍泉古窰址就達二百處以上，遍佈於龍泉、雲和、麗水、遂昌、永嘉等縣，因此，龍泉窰就是在「越窰」和「甌窰」的基礎上發展起來的。其青瓷品種繁多，如：餐具、茶具、文具、娛樂用品、日常生活用品、陳設裝飾用品、甚至陪葬的「明器」等等，無不齊備。

唐代陸羽「茶經」載：「邢瓷類銀、越瓷類玉，邢不如越一也，邢瓷類雪，越瓷類氷，邢不如越二也。邢瓷白而茶色丹，越瓷青而茶色綠，邢不如越三也」。早期飲食茶盌，乃今飯碗前身，「盌小盂也」，（案古盌字，瓷盌自唐朝開始盛行爲食器。）晉代「縹瓷」，認是青瓷，指盌而言的，早期盌形是據荷葉而來，孟郊詩句「越甌荷葉空」，即是說明當時越盌形色。青瓷釉色猶如碧玉，更如翡翠一般引人入勝，陸羽（七八五—八〇四）譽之「越瓷類玉」，其評價自是的論。其青色有稱青瓷—青器，縹瓷（晉代）綠瓷（隋代）的，文字對它形容有「雨過天晴」，「碧玉相似」、「千峰翠色奪得來」等讚美辭句，當非偶然。

中國青瓷的歷史地位悠久，越州窰系的餘姚窰、德清窰、九巖窰，以及唐代末期五代十國後周天子柴世宗（九五四—五九），從顯德元年到六年病歿，在河南鄭州所設御窰，世稱柴窰。而北方青瓷還有陝西省耀縣的耀州窰。汝窰則在黃河南岸的臨汝縣，在北宋時代曾是北方青瓷造燒的中心。

白瓷源於邢州窯

唐代詩人陸羽所著「茶經」曾經提到「邢瓷白而茶色丹，越瓷青而茶色綠。」的話。越窰青瓷已經論及，而邢窰白瓷，在我國陶瓷文化研究上似不能忽視。因此，於此稍加叙述。

白瓷的燒造，在我國河北有邢州窰、定窰、江南景德鎮窰（江西）、德化窰（福建），俱是赫赫有名。邢州古窰在今河北省臨縣發現（文獻記載是在內丘　）；是在定窰與磁州窰的中間地點。根據史料考據，自唐初邢州有白瓷以來，即被認爲是我國白瓷的原始發源地，不過由於黃河第四次改道，鉅鹿於北宋大觀二年(一一〇九）黃河支流漳河大氾濫遭到淹沒，邢窰因此中斷。北有定州，南有磁州，且定州的平定（今屬山西省轄）通稱白土鎮，由於位在太行山谷東側有一露頭的大白土沉積層得名。邢州於北齊時代（五五〇—五七七）便持續以白土燒製釉陶，北宋定窰崛起後，始執此一地帶的陶瓷業的牛耳。太行山東麓作南北走向，面積狹長，爲一延續的大白土層地帶，所以，曾在河北省的曲陽縣澗滋村掘出古定窰址。並且，在太行山周圍的山麓，宋代山西省楡次、霍州、太原等地皆有古窰燒製白瓷、質地亦皆大致相似，定窰崛起以後，在造形與格調方面是無不仿造的。定器採用覆燒法，器口邊緣無釉，宋初坯釉尙厚，燒成留有釉的流痕乃至垂流欲滴，成爲後世考據北定初期窰器的特徵。另一特色，是融釉中鹼的含量較高，致流動性較大。

宋代重視白器，除專燒白器的定窰以外，全國各大名窰汝、官、哥、均等，無不以發展色釉作爲裝飾。定窰既以白瓷是尙，如再施以色釉則有失白瓷價值，但是，白爲素色極爲單調，遂以劃花、綉花、印花等裝飾法，來維護潔白瓷質的主體。反顧宋代以前，在國人生活領域中并不太重白器，白色自古被認爲是明世之色，如唐代中原所燒白陶，皆是供製「明器」所需，實際中國白陶發展甚早，殷商時代即具高溫的白陶來作爲祭器，並且提供作爲帝王死後的陪葬品。

邢窰崛起於唐，大鳴天下，宋大觀二年（一一〇九）以後，定窰取代邢窰再興於定州。宮廷開始選用白器，上有好者下必尤甚焉，於是普及於全民人人愛用，使得定窰生產不及，仿定產品遂遍及附近的產地，皆稱定器。由於知名度高，全國各地陶者爭相仿製，乃有所謂「北定、南定、及後世的土定、新定」的分野。

白瓷發展原因的另一說，在吳玉璋先生所撰「故宮博物院珍藏之瓷器」一文中提到：「宋人對於瓷器的愛好，乃基於愛好玉器和理學的觀念，重視青、白二色，所以，南北宋的瓷器釉色，概以青白爲主。」吳老從歷史的觀點來探討宋人看重青瓷、白瓷的推論，確具道理。

邢窰白瓷既然及於定窰、磁州窰等地。甚至四川省大邑窰，山西省平定窰，江西省吉州窰，河南省鞏縣窰，江蘇省蕭縣窰，安徽省宿州窰等白瓷燒造，亦頗名貴，簡素豐滿，型式多姿，瑩潤嬌嫩，柔味十足，顯示著固有的民族風格。從出土的唐代白瓷水注、瓷瓶等器皿、以及國內歷次付展的白瓷諸器，均能證實這些白瓷名器，由唐代到五代十國及於北宋，都是處於產製的極盛時期。並且，我國邊陲地區，也曾經生產過「遼白瓷」，佔有中國陶瓷史上的一席地位。

陶枕，紫砂器．天目茶碗

我國瓷器由唐及宋，青瓷與白瓷成為窰業燒造的主體，在陶瓷方面，也有別具一格的名貴產品出現。

磁州窰的磁器產自彭城鎮，置窰燒造甕、罐、盆、碗、瓶諸種。由於原料的磁石泥製坯，含有多量的鐵分，燒造採用搔取手法的牡丹文瓶與牡丹文水注，黑劃文牡丹文瓶、黑地白唐華文瓶等，與其他諸窰大異其趣。其中，如：黑釉堆線文壺、白地鐵繪牡丹文瓶，曾在台北的國立歷史博物館展出這些磁州窰的出品，引起愛瓷人士無上的欣慰，視為非習見的瓷中名品。而較比特殊有名的，磁州窰的陶枕，介於由陶入瓷的階段，筆者曾在日本京都與我國台北陶瓷展覽中看到的有：北宋黑地詩文陶枕、獅形陶枕，白地黑搔落牡丹文枕等。另外，英國大英博物館珍藏的陶枕，銘文是北宋熙寧四年（一〇七一）造的，台北的國立歷史博物館藏有「古相張家造」的陶枕，天津博物館有崇寧二年（一一〇三）

的陶枕。盛行唐代使用的陶枕，據說可以確保健康。而唐玄宗開元年間（七三〇）沈既濟著的枕中記，（那枕就是磁州製的小型陶枕。）述盧生於邯鄲旅舍中，藉呂翁授枕而臥，夢已登第拜相，榮寵非常。醒來店主所蒸黍飯尚未熟，因悟富貴功名如同一夢。故事本南朝宋劉義慶幽明錄楊林玉枕，沈作錄入唐陳翰異聞集。明湯顯祖作邯鄲記即以此故事作爲題材的。由此推論，磁州窰燒造的陶枕，不僅盛行在唐，即北宋又何嘗不然？就是到了現代，依然還有不忘邯鄲地帶產製陶枕所衍生一段書生靠枕就寢，夢中富貴的故事。

紫砂器的創製，它是從一般陶器中獨立出來的，它與瓷器不同，是無釉製品。假設，沒有江蘇宜興日用陶瓷燒造有密切關聯，就不致成爲一個獨特的品種。這種獨樹一幟的紫砂器，它經歷漫長的發展過程。秉持悠久的歷史傳統，加之，不斷凝聚無數製陶有關人士智慧結晶，始有輝皇的成就。

有人將紫砂創始年代定在明代中期，這並不十分正確。吾人追本窮源，宜興燒陶的歷史久遠，即從羊角山早期紫砂窰址發現大量古紫砂殘片，證實已經燒過的紫砂器，分成壺、罐兩類，且以壺爲主的。壺的造型有高頸、短頸的，還有提梁壺、特大壺，色澤紫紅或紫色偏灰，胎質較比粗糙，製作不甚精細。還有壺嘴、壺把與蓋紐黏接等，充分表現早期的紫砂器，是剛從陶器中分離而出的原始狀態，更從龍頭型裝飾去看，其捏塑手法與北宋江南墓葬中常見的極爲相似，壺的把手是雙條把，也是隋唐至宋代瓷器裡較爲流行的形式，所以，宜興紫砂器早在宋代就已大量燒造。根據北宋仁宗進士的梅堯臣（一〇〇二—一〇六〇）所作的：「小石冷泉留早味，紫泥新品流春華」，「雪貯雙砂罌，詩琢無玉瑕」詩句判斷，紫砂器已爲嗜好飲茶的文人雅士所讚頌，因此，宜興的紫砂器的初創年代，當比一般所說的提早很多。至於說金沙寺僧與吳頤山書僮供春爲紫砂壺經始創的人，那是明代中期，已經較發現的晚了很多，只能認爲當時的陽羨茶已頗出色（按：陽羨即宜興，自古其地以產茶名，唐寅有詩詠之。）有好茶需要有好壺，僧俗刻苦鑽研，精心構思，精選原料，揑製成壺，後世稱爲「供春壺」，表現著高超技藝和智慧巧思。明萬曆年間，製器名家董翰、趙良、元暢、時朋，有的尚文巧創新，有的承繼古拙風格，嗣後名匠最著的有時大彬和李茂林，加之、文人提倡改製小壺，玲瓏美觀，精巧工整，不僅造型雅緻，詩文典麗，爲燒造工藝開拓光明遠景。陶肆有言：「宜興妙手數供春，後輩返推時大彬」。而時授徒李仲芳、徐友泉，以及明末陳仲美、沈君用、惠孟臣等，清代陳鳴遠、楊彭年等製作傑出精美。尤以製壺名手楊彭年與金石家陳曼生合作，使紫砂造型裝飾工藝別開生面，壺底款署「阿曼陀室」，也稱曼生壺。

宜興紫砂器在中華民國的台灣各地，甚爲愛壺者珍惜喜愛，並有很多熱忱從事陶藝人士的製作，盛極一時，因此坊間充塞，但名壺舊作贋品，也就魚目混珠。筆者參觀很多宜興紫砂小壺的展覽，明清兩代的名家手作也曾有見識。國立歷史博物館藏品中，署款可考的，有時大彬、惠孟臣、陳鳴遠、楊彭年、陳曼生等遺作，把玩諦視，自有佳妙。民國三十四年抗戰勝利後，筆者曾在揚州地攤上購得一具佛手形狀的紫砂茶壺，雕鏤兼長，精美異常，雖然伴我在戎馬生活中三載，終於棄置，如今仍不勝懷念舊物之情。現時保存的，是藝專同學戴君竹谿（清村）贈的自製一尊紫砂小壺，玲瓏瘦削，巧合天工，聊慰失壺之思。

既談宜興紫砂器的茶壺，就我國陶瓷進展過程中，一項別具情調的天目茶碗，於此也得稍予論列，俾可略窺國人生活的趣味。

天目茶碗被稱茶器名物，是由日本來華留學的和尚返國，持天目山茶碗同歸，於是天目茶碗得以流行日本，國內由五代十國開始，而南宋元代是爲全盛時期。實際飲茶用的茶盞，倒不必拘泥一格，但人各喜愛，自是不盡雷同。天目山位於浙江杭州附近，自古就是茶的產地，吃茶方法變更，天目茶碗也就受到鍾愛。根據福建通志所載：「閩中造茶琖，茶紋鴣鴣斑點，試茶家珍之。」黑漆似的黑褐色釉燒成的茶碗，窰址在福州北部的建窰，因是茶碗專用窰，也是天目茶碗代表窰，日本稱之「建盞」、「烏盞」。作品種類，有曜變天目、油滴天目、禾天目、灰被天目，進而更有木葉天目、玳皮盞天目、鸞天目、兎毫盞天目等，幷非產自一窰。因此，所謂天目茶碗產地，從建盞及於吉州天目・河南天目、河北天目、山西天目等。時代有宋天目、元天目、高麗天目等。釉調有曜變天目、油滴天目、禾天目，灰被天目、兎毫盞天目等。文樣有玳皮天目、鸞天目、文字天目、木葉天目、黑符天目等。盛行一時的天目茶碗・時至今日，我國台灣與日韓等國人士仍有愛好者，尤其日本視爲國寶與重要文化財，在東京、京都、大阪、神奈川、橫濱、名古屋公私收藏豐富，幾爲世界寶庫，其實均產自我國各窰。其中曜變天目茶碗，黑漆光彩，日本陶瓷家譽爲「世界陶瓷器中最高無類的珍品」，猶如夜空曜星，輝美燦爛，是建窰最高無上產物。

燒造瓷器，既往對窰變一說，神奇古怪，荒誕不經的故事，傳說很久，無不過神鬼逞能。筆者曾在日本參觀燒柴的瓷窰，赫然設有神位，相信中國過去各窰也無不如此。究其實際，窰變只是一種化學的變化，難以掌握，也難絕對說出它的究竟。因此，經過窰變所燒製的器物，有的是大出人們的意外，有想不到的美好成品和釉色出現，往往非其初願。天目茶碗的燒造，曾多有這種窰變現象發生的。

景德鎮成為「瓷都」由來

國內四大鎮，有佛山、漢口、朱仙、景德鎮。

景德鎮在北宋眞宗（趙恒）景德年間（一〇〇四—一〇〇七），由於生產的瓷器博得眞宗的賞識，就令燒製一些御用瓷器，并在瓷器底部寫上「景德年製」四字，既然，景德是眞宗皇帝趙恒的年號，從此這個燒瓷的地方就改名爲景德鎮，一直沿用，經過南宋、元、明、清、中華民國迄今，仍是景德鎮。佛山鎮在廣東燒瓷也很著名，漢口是水陸交通方便，位於長江中游，只有朱仙鎮，雖是岳飛大敗金人南侵的要地，現在較諸其他三鎮，不無有凋零淪落之感。

原屬江西省浮梁縣的景德鎮，位於鄱陽湖東，在昌江南岸，四面丘嶺環繞，浮處萬山之中，舊屬饒州府，浮梁縣屬的一大鎮，西瀕景德河，暢通舟楫。據浮梁縣志載：「新平治陶，始於漢世」。江西通志說：「鎮瓷自陳以來名天下」。宋代以前的景德鎮叫做新平，又叫昌南鎮。從其陶業開始是在西元一世紀，即是我國的東漢時代，經過三國和魏晉，到了西元六世紀的南北朝時代的陳朝，產瓷已具名聲。西元十世紀的五代，瓷業漸趨發達，在鎮郊石虎灣和楊梅亭一帶，至今仍多古窰的遺跡，發掘到一些碎瓷和匣鉢、渣餅等窰具。就全國觀點來看，那時南方盛稱越窰，北方盛稱邢窰，雖在碎片中有青瓷和白瓷二種，嚴格來說，景德鎮和它們相較還是略輸一籌。

由宋代古窰址中發現景德鎮瓷器品種的青瓷和白瓷，還有著名的影青瓷，也就是青白瓷，是在青瓷基礎上發展提高而新創的品種。

東晉新平、唐時昌南鎮、北宋景德鎮，由於「土白壤而埴，質薄膩，色滋潤。」（見景德鎮陶錄）就『景德鎮陶錄』（一八一五年刊行）記載：「陶窰唐初器也……陶氏所燒造」。邑誌云：（江西大志類此）：「唐武德中，鎮民陶玉者，載瓷入關中，稱爲假玉器，且貢於朝，於是昌南鎮名天下」。同書並說：「邑志載，唐武德四年（六一八—六二六）詔新平霍仲初等制器進御……」、更從南宋蔣祈的『陶記略』所說：「景德鎮昔三百餘座，挺領之器潔白……皆有饒玉之稱」。足以旁證景德鎮的白瓷早有它的基礎，然後本此基礎，作飛躍發展，使名品質量聞名於世界，這絕非偶然，其原因與條件，玆歸納於如下各點：

一、技術工人的滙集

燒瓷是技術也是藝術，景德鎮在江西省會南昌的東北，有山有水，航道便捷，既可用內河通皖浙，復能出鄱陽下長江。北宋年代，游牧民族的女眞的金人與蒙古族的元人先後蹂躪華北，加之荒年陶人在人禍天災中南下避難。北方的北宋官窰爲汝窰、定窰等諸窰均告衰退。由於這些具有製瓷技法和燒造本領的人紛紛投入，景德鎭的窰業在南宋時代盛極，北方來的陶工，無異是一枝生產大軍，助長所謂南定作品的發達而繼承北宋官窰盛業。一部分陶工避難南宋首都臨安（杭州），官窰修內司窰興，所以，移住的陶工，不論民窰官窰的，俱有謀活棲身的機會。

二、高嶺土的儲量豐碩：

在陶瓷業稱瓷土的高嶺土，它是一種製作陶瓷用的粘土，是我國在公元前一千三百八十年前，就爲殷商陶器時期陶民首先發現使用的原料。據明代文獻的「天工開物」陶埏第七卷考，高嶺土產於高嶺地區，即當時饒郡的高梁山，陶者只知是一種白色粘土，古時凡是白土皆稱堊土，幷沒有固定的名稱。基於我國白瓷自宋再興於景德鎭以來，行銷西方世界的陶瓷器，質地潔白晶瑩，是舉世前所未有的產品，極受當時歐洲及西亞強權社會的酷愛與珍視。至十九世紀初期，清嘉慶年間昌南藍浦氏撰寫「景德鎭陶錄」時，已有白土名稱只名高嶺，證明外國的Ｋａｏｌｉｎ一詞是源於浮梁的山名。宋應星在明崇禎十年（一六三七）所著「天工開物」曾經提到土出婺源、祁門二山，一名「高梁山」出粳米土，一名開化山出糯米土。陶冶圖說，朱琰按：「饒州陶工初采於浮梁，新正都麻倉山，萬曆土竭，復采於縣境內吳門，托至祁門，而三易其地矣」。Ｋａｏｌｉｎ轉譯高嶺，抑或高梁，其意甚當，因爲該項白土確係產於高嶺地帶，再就南窰筆記載：「高嶺，出浮梁縣東之高嶺山，挖取深坑之土質如蚌粉，其色素白有銀星，入水帶青色者佳，淘成做方塊，晒乾即名高嶺。」我國景德鎭及其附近產有陶瓷原料的高嶺土，蘊藏量豐富，再加，盛產松木和其他雜木，用於燒瓷，最爲合適，及之改用燃煤，所以，瓷料與燃料都不虞匱乏，當是促進瓷器產量的一大原因。

三、官窰瓷產促成進步：

譚且冏先生認爲宋代雖有官窰的傳說，但制度怎樣？不得其詳。（見譚老手著「陶瓷彙錄」一書）幷就歷史探討，定窰確是繼承唐代的「天下無貴賤通用之」邢窰，五代已極發達，從曲陽縣志裡有徵收瓷稅的記載。北宋爲供應宮廷需要，燒製御器在定窰遺址曾經發現刀刻欵識的碎片，證實一部份是燒的官窰器物。所謂汝官窰僅有蕭服監汝州窰務，南宋官窰置於修內司，「監」與「置」的字義是管轄還是監督？抑是官方自行燒製？似有一點含混難以作明確的判斷。既無有關制度記載，也許只是貢器性質。由宮廷遣官在產地監燒，即「有命則供，無命則止」的臨時規定，凡入禁中瓷器就名官窰，從唐到元，歷朝如此，我們自不能以畫院制度來衡量燒窰。及之，明代洪武以後，江西景德鎭，經常性的「御廠」和「御窰」，那是眞正的設廠製器的官窰。每年歲解，例有常規，是與宋元的「官監民燒」的規定有所不同。明初先以工部員外郎督窰務，生產重質不重量。隆慶（一五六七—一五七二）萬曆（一五七三—一六一九）年間，由於「官匠因循」，採取「散之民窰」方式，變做「官搭民燒」措施，但召募編役的幷未明令廢除。清代一本明代舊制，御窰仍設景德鎭，在順治二年（一六四六）廢除匠籍，實行「官搭民燒」措施，增加工匠獨立性，鼓舞工作情緒與積極性。加之，督陶官熱心倡導，如臧應遠，郎廷佐，年希堯、唐英都有很多功績，因此，清代官窰瓷器生產技術提高，量也增加。

由於宮廷用瓷的品質增進，民窰在相互激盪中跟著繼續發展，幷駕齊驅。所以，景德鎭製器分工極細，形成二類——琢器和圓器。琢器生產的技術精明，靈活性大，如：罐、罍、尊、彝，屬於陳設瓷器。圓器只限於圓形品種，既可大批製作同樣器皿，修坯容易，屬於日用瓷器。瓷產在官窰和民窰間的影響、倣效、競爭的狀況中，相互促使景德鎭造瓷進步，是瓷都形成的一大原因。

四、中國貿易瓷行銷天下

中國外銷的瓷器，曾經利用「絲綢之路」，行銷歐洲與西亞，也曾利用航運銷至日本、韓國、菲律賓、印尼、泰國，幾乎世界各國無不有中國瓷器的發現。就以由宋至明的青瓷而言，產地遍及浙江、福建、廣東等地，最精美的，當屬宋龍泉窰的瓷品。依據英譯中國是China，另一解釋就是瓷器。既然，瓷器最早發明的我國，大約是西元七世紀的唐代就已開始外銷，瓷的精粗雅俗，若是列入貿易，就決定於客貨商們的欣賞與暢銷價値方面着眼，絕非製造者單一方面的主觀供應。所以，在製作上必先著重精美。

試就民國六十五年（一九七六），韓國在全羅南道木浦島附近發現的我國沉船來談，其中瓷器一八一〇件，龍泉窰青瓷最多，景德鎭窰白瓷次之，從元朝「至大通寶」（一三〇八——一三一一）判斷，沉船不會早於元代，這些貿易瓷是從那一港口啓運？去日本還是去朝鮮的？還難定論，但是國瓷外銷已經十分確定。韓國文化財管理局的「月刊文化財社」，發行彩色版的「新安海底引揚文化財圖錄」

與國立中央博物館編印「新安海底文物」各一册，以記其事。筆者曾於民國六十七年六月由韓國文化財管理局金石龍局長，指派金東賢、金奉三兩先生陪同參觀此批瓷器，返國後撰寫「韓海打撈沉船得寶的探討」一文發表於中央日報，收入拙著「歷史文物與藝術」書中，國立歷史博物館印行。

中國瓷器非僅風靡歐洲。反映中國瓷器貴重似寶的歷史故事不一而足。西元一五一七年，葡萄牙商船第一次駛入廣東珠江，開始歐洲第一個同中國進行直接貿易的國家。自此，從前最遠只運到地中海和東非海岸的瓷器，業已擴展歐洲地區。一七七四年英國就有五十二家專門從事中國貿易的商號，販賣中國瓷器。

中國瓷器輸出海外，在一七五〇至一八五〇年間，適當清代乾隆、嘉慶、道光三朝。景德鎮瓷器由英國銷售或私人携往新大陸的日多，從華盛頓及李將軍家族祖傳器皿中證實非虛。國立歷史博物館就曾經舉辦過「美國珍藏中國貿易瓷精品展」，由華李大學在珍藏的中國瓷器二千餘件中，挑選八十四種計九十三件，由校長韓德利夫婦率同十七人親自携帶來到我國展示。這批貿易瓷，形制、彩繪、色釉、用途，俱以配合美國人喜愛的口味燒製，有其家族定製專用的嵌著姓名，并且，也有格言、家訓，繪製在家用餐具上，作爲識別裝飾。更有繪著天使．號手、鷹徽的。

中國瓷器貿易，景德鎮生產的青白瓷瓶，匈牙利路易大王（一三四二—一三八二）珍藏的曾經用銀鑲嵌，反映著中國瓷器貴重。在一二一九年以後，南宋瓷器就多輸出海外，防止錢幣流出，做爲交換的重要物資之一。這些從浙江寧波一帶啓航的，也有從福建泉州駛出的。根據陳信雄博士大著「澎湖宋元陶瓷」一書，就他多年在澎湖各島搜集所得的青瓷、白瓷、青白瓷、黑瓷標本一萬餘件中，證實是我國瓷器由泉州出口，經澎湖運往砂勞越、爪哇、蘇門答臘、馬來西亞等東南亞地區的。由於陳氏的專心鑽研陶瓷學術，得以確認海上的澎湖列島，居然曾在我國貿易瓷行銷過程中，佔有儲存轉運的一角地位。

當然，由於景德鎭的瓷器，是外銷海外的主流，就貿易來說，可以賺取外國的錢財，也可以物易物，免於消耗國內財富。在技術上，可以轉移傳授，更助長國內製瓷的技藝日益精良，推陳出新，以符合買主的市場需要。如此一來，景德鎭成爲瓷都的條件，自屬格外具備。

五、發揚悠久製瓷歷史和傳統

景德鎭製瓷，假設從五代開始，已逾千年，在如此漫長的歷史階段中，它經歷五代、十國、宋、元、明、清等朝的興起和滅亡，也經歷無數次歷史上的巨大事變。國內各地的名窰的興旺與衰落，時間均不甚長。有的受到天然災害消失於無形，邢窰便是一例。有的在戰亂中遭到破壞，例如汝窰、定窰和鈞窰等。有的因爲政權更迭而停燒，如北宋官窰。有的在發展過程中競爭不過其他窰場而被淘汰，例如龍泉窰等。也有短缺原料和燃料而趨於衰退。也有由於規模太小，力量薄弱，經不起打擊而告消失。由於種種原因，中國歷史上的名窰，有的在宋代以後就一蹶不振，有的到明代就已衰頹，唯有景德鎭窰是屬例外，它也曾受戰亂但未遭受徹底的嚴重毀滅，也未因原料、燃料而被迫停產。且在發展過程中，適應時代需要不斷創新，站穩脚跟，使得製瓷技術代代相傳，繼續提高，且能本諸既有技藝，學習歷代各地名窰，取其所長，集其大成。從唐宋以來，我國被稱做「瓷器之國」的各個地區名窰，如：定窰、平定窰、磁州窰、修武窰、耀州窰、汝窰、柴窰、均窰、宿州窰、越窰、餘姚窰、龍泉窰、哥窰、吉州窰、建窰、廣東窰等，唯有饒州的景德鎭，却能相與各地名窰齊肩前驅，發展成爲獨佔鰲頭，成爲全國瓷業中心，非自偶然，其分工細密，合作協調良好，累積經驗，精益求精，兼收幷蓄歷代名窰所長，掌握精良技術等科學管理原理原則有以致之。

六、全國中心的莫大成就

中國歷史上從唐代的名窰，如：越州窰、邢窰、吉州窰、霍州窰、蜀窰、鼎窰、婺窰、岳窰，瓷器已達質堅色潤的地步。宋代定、汝、官、哥、鈞五窰，產品精巧，產品價值奇昂爲我國瓷器的突出時期。景德鎭在漢已有陶瓷燒造，歷代未斷。宋代燒瓷光緻精美突飛猛進，所以成爲瓷都。其創新、改革、發展，以及着重技術不無皆是重要的因素。追溯我國原瓷自東漢有「瓷」之名。而達到成熟境地的眞瓷，應推西晉，迄唐在色澤與形制上，表現著厚重與雄偉的氣魄。當時名窰爲越窰與邢窰，分別主製青瓷與白瓷，南北輝映。宋瓷形式優美，品格高逸，實集前代的大成。景德鎭自宋眞宗以景德年號用以名鎭，使天下皆知景德鎭的瓷器，奠定以後發展基礎。元瓷是宋瓷的延續，國祚不及百年，當以景德鎭的樞府窰所燒瓷器爲最佳產品。所謂樞府窰，派官以主其事。受命燒製御用瓷器。出產白瓷

青瓷，而其善作印花、劃花、雕花諸種。明代景德鎮的窰業雄視一時，有御器廠之設，稱做洪窰。（

按：明洪武二年）民窰興起亦盛，根據傳教士法國人旦特爾科（Dentre、Colles）所記：「景德鎮者，周圍十方里之大工業地也，人口近百萬，窰約三千，晝間白煙掩蓋天空，夜則紅焰燒天」，相對的其他各地瓷窰則漸趨式微，景德鎮燒瓷成功關鍵，天然資源獨厚也是一大要素，加之，具有悠久歷史與優良傳統，以及，努力學習，取擷他窰之長，乃得發揚光大，成爲製瓷的主幹。

明清兩代，景德鎮發展成爲全國的瓷業中心，所以，有「至精至美的瓷器，莫不出於景德鎮」說法，當然，貿易瓷、宮廷瓷，極大部分都在這裡燒造的。即以明代而論，日用瓷器一改宋代清雅作風，文樣採用蟲、魚、鳥獸、花卉、人物，器形切於實用，色彩著重於紅、黃、藍等通俗悅目。瓷胎以薄爲貴，有年代及齋室名稱的記註款識。最著名的官窰，皆在景德鎮，也就爲世所重，如：洪武窰、永樂窰、宣德窰、成化窰、正德窰、嘉靖窰、隆萬窰。民窰絕佳的，有嘉靖隆慶年間的崔公窰，是民窰之冠。隆慶、萬曆年間的周窰，造瓷以仿古最精。於此，堪認景德鎮是明代瓷器最繁盛的時期，其大器、薄器俱全，顏色有青花、回青、祭紅等，彩料多採自外國。五彩有兩面彩、錦地等，文樣更爲繁多，可以說：明代實爲我國瓷業史上極爲光輝的時代。

清代的瓷器，仍以景德鎮爲中心，技巧精進，花紋繁華，其間雖有明末李自成與清咸豐年代的太平軍作亂，多有破壞，經修復再事燒製，依然似錦盛茂，美不勝收。自康熙年起，派官爲御窰督理，常川駐景德鎮督造宮廷用瓷，悉心仿製古器，無不維妙維肖，有名家筆法畫瓷，是爲清代之冠。款識講究，製品以深紅寶石釉爲主體，雅稱玉紅，堪與明代宣德相匹。雍正官窰選料精造有所謂胭脂水的，其胎薄，釉色艷，嬌嫩欲滴，幷創造前所未有的軟彩，又名粉彩，雅逸艷麗。繪飾有意大利人郎世寗，擅長中西繪畫，創出特殊風格。乾隆時代瓷繪，就飲流齋說瓷的評語：「乾隆夾彩最盛，鏤金錯采幾於鬼斧神工，三朝鼎盛殆觀止矣。」

集清帝祖孫三代的心力，使得景德鎭瓷品大放異彩，媲美明代的造瓷成就。而製作時的造型及紋飾，俱要先經內廷審定，在嚴格監督中燒造，宣佈四民平等，原居賤民的陶工，一躍成爲工藝家，且有文士畫家參與，因此，瓷器大有進展是一種必然的趨向。康、雍、乾官窰瓷器，在歷史文物與藝術價值上，登峯造極，保持中華民族風格尤値稱道。其督理得人、創新繪畫、變化色彩、超越既往的種種努力。愈益昇華。嘉慶以至光緒，宣統，論者以爲已不足觀，其實從嘉慶到光緒年間，百年期中，內憂外患頻仍，景德鎭的瓷器漸走下坡，乃是事實。但繁華已不似錦，於此亦可得知社會情況的遷變影響至鉅，所謂民窰製器何嘗又非如此？四十年來大陸各省諸窰因此精細者日少，粗陋者漸衆；睹物思往，是歷史興衰的一項佐證。

雖然，民國初年，景德鎭的瓷業一度企圖振作，培養新秀，設立公司，總以戰亂交相侵迫，掙扎之餘，苦難恢復舊觀，再無御器重質不重量風光，陶工曾爲工藝家而有實惠的重現。縱觀今日，景德鎭的外貌依然是全國瓷器中心，仍舊爲「瓷都」。但較諸台灣燒瓷製陶的研磨精心，遜色多多。由於台灣人民自由、經濟發達、陶藝家輩出，作品在造型與線條變化上，釉與坯的配合以及質感年有進步，而各地窰場燒瓷不斷進取，競尚改進。尤其傳統的藝術瓷器先由鶯歌許氏大力推展，再振聲威；或有以爲一味仿古了無新款，予以浮詞厚責。廠商瓷器供應，本在於大多數世人的喜愛與接受，實用價平，行銷廣潤，非少數強調藝術品的創新瓷器相提並論。目前，美術界有一堪資歡欣的現象，那就是有一些名實相符的畫家們，已從閉門展紙作畫的機械動作，竟然有著勇氣在瓷器上作畫，有的是在嘗試，有的已獲心得，揮灑自如，得心應手。據老友陳君曾語筆者，畫瓷不同畫紙，功夫與修養，還是一個要件。無論是書法名家，抑或是國畫家、水彩畫家、油畫家們，肯有興趣在瓷器上作畫，那對中國瓷器的前程發展，相信是有益而無害的。

中華民國依據傳統，在此時此地創建實質的如景德鎮往時一般的瓷都，成爲全國瓷器中心，確實可以說到做到的。

參考書目

一、陶瓷彙錄：譚旦冏先生著

二、中國陶瓷文化之研究與考據　何啓民先生著

三、中國美術發展史　凌嵩郎先生著

四、中國陶瓷史話　李啓明先生著

五、中國陶瓷　譚旦冏先生著

六、中國陶瓷史　吳仁敬辛安潮著

七、中國陶瓷之鑑定與鑑賞　常石英明著

我國青瓷器發展的早期階段

一、前　言：

國人論述我國歷史文化燦爛光輝的時代，定會提及漢（前一四〇～二二〇）唐（七〇五～九〇七）；而兩者之間，單以今之南京建都的朝代來談，就有三國的孫吳（二二二～二八〇），東晉（三一七～四一九）；以及南朝的宋（四二〇～四七八）、齊（四七九～五〇一）、梁（五〇二～五五六）、陳（五五七～五八八）一共六朝，先後有著三三〇年之久。（南朝就有一百七十年）。吳據東漢交州全部，荊、楊二州的大部。東晉立國江南，多次征伐失敗，且中央與地方相制相尅，以迄晉亡未能有所作爲。南朝大致保有三國時代吳蜀兩國的屬地；南北朝的大部時間，疆域大致是以淮河爲界，始終處於敵對狀態。直至隋文帝平服陳朝，再造統一之局，下開李唐的盛世，不僅結束分裂戰亂的國家，且是中國中古史上一件大事。

二、從地理歷史觀點看六朝

今之南京，在江蘇省境內，瀕臨長江南岸。三國孫吳初居吳（蘇州），再徙秣陵定都，次年改稱建鄴；東晉司馬睿在南方定都，避司馬鄴諱，改稱建康。自此，南朝的宋、齊、梁、陳四代，俱都建康，即今日的南京，形成長江流域的政治、經濟、文化的中心。茲便於敍述南京六個朝代的文化和文明，就其地理與歷史的演進與情勢，加以概括的說明：

㈠六朝領域的地理形勢：從大體上來談：孫吳、東晉、南朝的宋、齊、梁、陳的疆域，統言是江湖縱橫，河港分歧的地帶，水運至爲發達。以孫吳而論，統治區域在今長江中下游，浙江、江蘇和兩廣地區。晉元帝司馬睿在南方重建，史稱東晉，占有長江、珠江及淮河流域。劉宋在強盛時期統治的地區，有黃河流域。南齊又稱蕭齊，統治今之長江和珠江流域的各省，最盛時北至南鄭、襄陽、朐山等地。蕭梁統治地區有今之長江和珠江流域各省，曾一度取得淮北和漢中等地。陳朝的統治區域，也在長江和珠江流域的地土，雖曾一度攻佔淮北，旋告失陷，它是南朝版圖最小的一代，也是隋朝統一全國最後被消滅的一個王朝。

㈡六朝的歷史概述：⑴六朝之一的孫吳，與魏、蜀互相鼎立，史稱三國；位於中國東南，又稱東吳。由孫權稱帝，史稱吳大帝。由公元二二二～二八〇，歷經孫權、孫亮、孫休、孫皓四帝降晉而吳亡。值孫權即位後，在山越地區設立郡縣，促進江南的開發，派遣船隊航海到過台灣，溝通孤懸海外的島民。⑵東晉由元帝司馬睿建武三一七年到恭帝司馬德文元熙四一九年，歷十一帝計一〇四年。因八王之亂，由洛陽渡江南遷，而有東晉。戰亂頻仍，課役繁重，又有豪強欺凌，戶口逃匿日甚。⑶公元四二〇年，劉裕奪取東晉政權稱帝，國號宋；因皇室劉姓，亦稱劉宋。建國初期，爲使北方流寓的人民與土著待遇相同，又復實行「土斷」，整編戶口，納稅服役。重視農桑，獎掖儒學，經濟與文化俱得發展。⑷四七九年爲南齊蕭道成所代，歷八帝計六〇年。有「土斷」南徐州諸僑郡縣的紀錄。⑸梁武帝一本前朝重佛敬僧，糺費浩繁，晚年又逢侯景稱兵作亂，憂憤疾亡，延到五五七年，由陳霸先代梁稱帝。⑹陳武帝本爲廣州刺史蕭映僚屬，爲默默無聞之輩依然統治著長江和珠江流域各地，歷五朝共三十二年，顧及亡鄉失土，逐食流移者，不問僑舊，悉令著籍，在五八九年爲隋所滅，結束南北對峙的局面。自東晉以迄南朝四代，擾擾不安，未遑寧處，於此漫長分裂的時期裡，中原人民紛紛南遷，設有僑置州郡，且四代開國拓土都以軍功起家，發軔之初，世族衰微，寒門也就逐漸脫穎而生，長江流域得到進一步的開發，黃河流域各族人民也實現大的融合。

三、文藝并進與青瓷的啓發

長期混亂中的孫吳，東晉與南朝的宋、齊、梁、陳的六朝，北方漢族南移與南方越人的交融，文明接著文化彰顯，獲致中華民族的很大進步，表現於文學藝術諸方面的，有著顯著的成就。

先說文學：

六朝都城是在長江流域，當時是人文薈萃，盛產魚米，水流縱橫，綠野平疇，人們運用手腦，不亞於中原。從而南朝的文學創作，文藝提倡，其中最突出的是梁武帝蕭衍，既是詩人，也是音樂家，因此，呈現蓬勃景象；其長子蕭統，生於五〇一年，翌年立爲太子；五三二年跌入池中發病死亡，諡稱昭明，由他挑選由先秦以來的文學作品加以整理編輯，刪繁去蕪，保存我國文學精華，由他編選的文集，稱爲《昭明文選》，是經常列入目前大專學生詩選的，如：飲馬長城窟行；另外，尚有在《昭明文選》中所載古詩十八首。蕭統所寫的《芙蓉賦》，風格古樸，辭采簡潔，具有很高的文學造詣。當時才學之士，還有《文心雕龍》作者劉勰，以及徐勉、劉孝綽、陸垂、殷藝等人。

次談藝術：

六朝就東吳善畫者，就有：孫權（大帝）、孫皓（歸名侯）。臣民有皇象、岑伯然、劉纂、朱季平、蘇建爲等。東晉司馬睿（元帝）、司馬紹（明帝）、司馬衍（成帝）、司馬岳（康帝）、司馬丕（哀帝）、司馬昱（簡文帝）、司馬曜（孝武帝）都能書，就連安僖王后是王獻之的女兒，也是善書的。臣民能書的，那是很多，善於草書的有著「竹林七賢」，還有教過王羲之寫字的衞夫人。最富盛名的書家，以王、謝、郗、庾四家。其間永和九年（三五三年）三月三日，王羲之和謝安等四十一人，到山陰蘭亭「修祓禊之禮」，大家飲酒賦詩，「揮毫製序，興樂而書」，其珍愛的得意之作，惹得唐太宗竟命蕭翼從辯才和尚手中騙得，臨終還遺命葬入昭陵，眞迹終不可見；所以，三百二十四字的蘭亭文序，成爲書史上的佳話。其他，謝安，郗鑒（羲之岳父），庾亮等著名書家皆出現於當時。

南朝皇室能書的很多。有：宋武帝（劉裕）、文帝（劉義）、孝武帝（劉駿）、明帝（劉彧），以及其他臣民俱皆善書，如：謝靈運、謝惠連，更是大詩家，范曄、斐松之亦是史學家，他們既有優良的文章學問，書法也是超出尋常。南齊高帝蕭道成，武帝蕭頤等，俱富書名，臣民中以王僧虔最爲著名，其子姪也多能書。梁武帝蕭衍，是以草書著名；簡文帝蕭綱，元帝蕭澤都以書名。臣民中能書的，如蕭子雲，爲歷史上著名書家，有百濟派使乞書的記載。陳武帝的陳霸先；文帝陳蒨，後主陳叔寶都能書，臣民中顧野王字希馮，深研天文、地理，擅於篆、隸、古文奇字，是文字學大家，又是一個大書家；還有一位書家洪偃和尚。於此明證江左風流，疏放姸妙，才有衆多書法名家的出現。繪畫同時漸入宗教化過渡時代，吳之画家曹不興成爲我國佛画的始祖；趙夫人能寫江湖九州山岳形勢，開啓後世山水畫的大道，并善刺繡作五岳列國地形，時人號爲針絕。東晉佛教大盛，繪畫迎合時代群繼畫佛爲能事；時勢雖臨苟簡偏安之局，文化反呈燦爛景象，畫家較諸西晉爲多。書畫兼善的，王異、王羲之、獻之昆仲、戴逵、戴勃、史道碩等。而最偉大的畫家顧愷之，推爲代表的畫家，於此，中國人物畫與佛像畫至愷之而始完成。如今藏於大英博物館的《女史箴圖》，神采煥發，筆墨高古。推據考證，該項圖卷係英法聯軍侵入我國擄去，實乃唐人手筆，非顧親繪。由於晉室既東，中原才智之士相率追隨。江南人物俊秀，風景幽美，繪畫有道釋畫一科，山水畫亦略具雛形，同稱六朝三大家的顧愷之，對畫評、畫法、畫論，均有精闢的見解，惜張僧繇、陸探微，則無文字流傳後世。

劉裕受東晉之禪，統御南方，宋是南朝之始。（四二〇）傳至順帝計八主六十年，當時畫家有顧景秀、顧駿之，皆以道釋人物著名。明帝時陸探微出，六法皆備，卓然爲一代大家，亦以道釋人物爲主。尚有謝靈運一家，劉胤祖一家，特工蟬雀。齊蕭道成，乃受宋禪，傳至和帝七主二十四年，當時以畫家謝赫爲最有名，確定畫之六法，成千古畫道準繩。其他工人物佛像者有：宗測、劉瑱等人。蕭衍受齊之禪，國號梁，傳至敬帝計四主五十六年。梁代画家獨以張僧繇爲巨擘，畫道釋人物龍馬等無不工妙。善於壁畫的，有：焦寶願、解倩、陸整等人。陳代受梁之禪，由陳霸先傳至後主計五主三十三年爲隋所滅。（五八九年）畫家中僅顧野王·杜緬、袁彥數人，載於畫史，受到後學者所景仰。

由於距今一千五百年前的文與藝觀念，捨文學外，藝術範圍僅以書法、繪畫與刺繡，尚不及雕刻與瓷器，只認是一種巧匠手工，不列藝林。若在今時藝術創造方面擴大範圍來立論的話，可以說應該認是一種藝術，彼此是無不息息相關的。爲著探究六朝當時石刻與青瓷僅再加以論列，事實上從文學、藝術的相提併論，連帶論及石刻與青瓷的成就，說明，六朝在歷史上的文與藝方面諸般景象，由今論古，應該歸功於考古學家們野外發掘所付的辛勤，始得將過去光輝，得以延續而留有今日的文物與紀錄，作爲六朝歷史過程中的眞實佐證。

六朝相繼在文化古城的今之南京建爲都城，遺留許多帝王的陵墓，目前依然存有石刻，成爲我國中古時期的歷史藝術的精華。散佈於南京附近的帝王陵墓，經已發現的計有三十一處，考證確定的，俱屬南朝宋、齊、梁、陳四代，計帝王十二處，王侯十九處。所有石雕藝術是當時南方的代表作，清同治年間莫友芝著的金石《筆談》只記八處，清宣統末年張璜的《梁代陵墓考》裡記有十四處，中華民國二十三年朱希祖和朱契父子等人調查計得二十八處；如今發現的三十一處中，有名可考的二十五處。遠從漢代墓葬的前邊就有石刻裝飾的石獸、石柱、石碑，而東晉陵墓始終未見地面石刻。讀唐李商隱「晉元帝廟」詩，有：「弓箭神靈定何處，年年春綠上麒麟」句，證明晉陵地上物的石獸和寢廟，唐時曾有存在；只是後來被人摧毀盡淨的，所以，不能論斷未見就未曾有的說法。

於此再略論碑與獸：清代阮元寫的「南北書派論」，以流傳的法書，認爲南朝「閣帖」，北朝「碑榜」，帖多行草，碑多端楷，其型態固是兩種， 據此來分派南北，幷不十分正確；實際彼此均是喜歡對方的書法。南碑和北碑，以數量講不無懸殊，惟從少數南碑中，仍可看得出來南北碑刻實無差異，書法石刻較少；是在東晉義熙年間（四〇五～四一八）禁斷私碑。南朝由宋到齊依舊禁止立碑，梁、陳雖寬其禁，然習俗已成，刻石仍少。更有相傳，明祖營治都城，盡輦碑石砌造街道，爲其所毀無遺。談書法東晉書學極盛，南朝四代當受其影響，石刻流傳至今的，仍有雲南劉宋「爨龍顏碑」，鎭江焦山有「瘞鶴銘」。南京附近蕭梁陵墓石刻，所存俱佳，貝義淵寫的「始興忠武王碑」，尙有千餘字完好。另外，梁「天監石井欄題字」，「綿州造像」等，南碑雖少，却是精品，和北碑相比，毫無遜色。

六朝陵墓的石獸，算是石刻之一。帝后墓前帶角，王侯墓前無角；前者尙有双角和單角的分別，稱做天祿和麒麟，后者稱做辟邪；且均刻翼，視同神獸。最早見於漢墓，但早在周代銅器上，就有翼獸的雕刻，猶如古希臘雕刻中翼獸之類。如今俗稱獅子的，東漢傳入中國，似與佛教東傳有關。今春在南京博物院參觀，進門即見龐然大物的六朝石雕辟邪，華麗窈窕、雄偉樸實，北平的歷史博物館也有一具仿製的大型辟邪在陳列，南京宋武帝陵、齊武帝陵均有此物，燕子磯，句容俱有發現。這種六朝陵墓的石獸，是我國古代雕刻藝術的傑出成就，既有威武凶猛的氣魄，也有輕倩柔和的情調，二者自然融合，毫無呆板抄襲手段。

中國人的發明的天分與智慧，并不後人，瓷器就是我國一項發明，六朝時期也是我國青瓷器創造發展的重要階段，因此，列爲本篇最主要的內容，來作系統的論述：

四、從原始瓷萌芽創造青瓷器。

在中國的東南沿海地區，出現的印紋硬陶，其原料與後來的青瓷原料相類似，只是含鐵量較高，胎體顏色呈青灰色或偏赭色。這種陶器的出現，說明遠在商代的製陶技術，已經孕育產生瓷器的可能性。製瓷原料的精選和高溫燒成的技術，均已由商代工匠們掌握，進而有著新的黏土窯器，表面掛有一層透明青釉，定名釉陶。由於這種器皿不同於以往的陶器，當然，也不能與後來成熟的青瓷相比，它仍具有一定的原始性，學術界定名它是原始瓷。

我們知道原始瓷來源於陶器。但早期的原始瓷儘管比陶器要高級，仍然顯露出瓷的原始狀態，色釉既不青翠，有的釉面粗糙，直到戰國，西漢時期，原始瓷方較成熟，由萌芽逐漸接近青瓷的水準，爲中國人揚名立萬。

原始瓷均是產於我國的南方、浙江是原始瓷的重要誕生的母地。民國六十五年（一九七六），在浙江上虞縣發現東漢晚期的青瓷窯址；甌江兩岸和金華地區也出現東漢燒瓷窯址，這些資料說明：浙江是我國瓷器的發源地，已是不爭的鐵證。

文獻記載著我國最早出現瓷器，也出現青瓷，就是綠瓷，那是東漢晚期，浙江已經開始生產青瓷和黑釉瓷器，屬於越窯系的上虞窯和寧波窯最有代表性。紹興、上虞、餘姚的越窯，永嘉（溫州）瑞安，位於甌江兩岸的甌窯，在三國、兩晉、南北朝時期，業經普遍燒造有明顯地方特色的縹瓷而盛極一時。所謂縹瓷，是指一種釉的透明度較高，呈現淡青的青瓷。根據漢代鄒陽的「酒賦」所說：「流光醳醳，甘滋泥泥，醪釀既成，綠瓷是啓」。晉代潘岳「笙賦」的其中有「被黃苞以授甘，傾縹瓷以酌醽」句，說明青瓷器在漢、晉時代業已存在的事實。更有晉代杜毓「舜賦」有「器擇陶揀，出自東甌」的辭句，證實古有甌窯。東晉至南朝時期的甌窯瓷器，還多使用褐彩裝飾的瓷器，這種新穎裝飾手法始於西晉，成為釉下彩的前身，也是甌窯陶瓷的重大發明。浙江德清窯亦兼燒青瓷。江蘇的宜興，春秋戰國時期稱做荊谿，秦漢改稱陽羨，西晉惠帝年間（二九〇～三〇六）改名義興賜封周玘，直到北宋初年為避太宗皇帝光義之名，始改今名的宜興。我們習知宜興燒陶，是昔有范蠡棄官遁隱更名「陶朱公」的故事，宜興瓷業，即由春秋時越人范蠡所創始。吳、辛兩氏著的《中國陶瓷史》更有：「吾國現代瓷業，除景德鎮執舉國之牛耳外，江蘇之宜興，亦與景德鎮相埒」之說，它不僅以製作精細，造型工整，設計精巧的各種茶具名聞天下；殊不知我國南方發現雄奇精美的六朝青瓷，宜興曾是當時主要的產區之一；使得青瓷在中國陶瓷發展史上，形成不朽地位，不無貢獻。

五、六朝青瓷的藝術觀與價值觀

三國東吳、東晉、南朝約四百年中，我國青瓷的燒製，日臻完美，可以這麼說：於此時期的青瓷業經進入成熟階段。由於江南農業耕作技術的提高，手工業生產規模的擴大，商業繁榮，文學藝術的日趨進展，在在促進製瓷工藝的蓬勃興盛。當時青瓷燒造技術，跟著趨於純熟，能夠有著瓷質堅緻，釉色青翠的優美青瓷器的出產。距今一千七百多年前的歲月裡，我們期欲確切明瞭陶瓷史的眞相，捨諸文獻記載與當時所遺實物來印證眞僞虛實，尚欲借助考古學術的效能來竟全功。既可彌補書本記載的有欠詳確，在考證中將材料排比類列，作有系統的敍述，而考古的田野發掘工作，對有史以前及史料缺乏上，有益於考古學術之不足，抑且，在考古作爲上實踐力行，這些從事考古工作者令人敬佩無旣。

矧我國考古工作的開始，是在民國十七年於河南北部彰德殷墟的發掘，由國立中央研究院主持，每年分春秋兩季進行，迭有所獲。迄至民國二十五年四月，在豫、魯兩省發掘工作已有十三次。探檢黑陶與彩陶文化分佈等項。民國二十二年、二十三年有中國考古會、考古學社等團體成立，引起考古工作興趣，出版考古學期刊。民國二十五年八月，在上海成立吳越史地研究會，推蔡元培爲會長，並從事江浙兩省地境古物發掘，在武進（常州）與金山等遺址，發現陶片與石器等，證實古代吳越文化有其本位。遠在民國六年成立南京古物保存所，除搜集外，顯著的有：發掘棲霞山吳墓三處（大泉錢紋），獲有瓷洗、瓷盂、瓷盃、陶質豕、羊、磨、箕等冥器，（民國十九年）。廣州晉塚發掘也有瓷洗、瓷盂、四耳瓿等物發現。墓磚銘有「太寧二年歲甲申宜子孫」及「太寧二年甲申八月一日造」字樣。著重江浙各地文物研究發現與發掘工作的吳越史地研究會，爲增進古物研究風氣，曾於民國二十五年八月在上海八仙橋青年會，擧行古物展覽，概別陶器、石器、瓷器三大類，來源以江蘇、浙江各地與福建厦門等處。并有六朝的瓷器陳列其中。不僅說明江浙在五六千年以前，已有極高的文化，春秋時代，絕非野蠻之區；將瓷器相與陶器、石器併展，並爲江南古代文化燦爛大放異彩，更足明證中華民國在考古發掘工作方面，國民政府定都南京後，機構、場所、發掘，陳列具備，業經奠定了中華文物珍藏與重視的基礎。近數十年來的考古工作日盛一日，從調查、發掘、整理、報告、陳列，俱已發揮更大的功能。茲僅就在六朝青瓷早期階段形成的實際概況，予以申論說明：

第一：主要產區的認定

從歷史的認定，我國的兩漢以後，盛唐以前，在長江以南的今之南京，曾經作爲六個朝代的都城，就是三國的孫吳、東晉，以及南朝的宋、齊、梁、陳四代。青瓷主要的產區，是位於太湖流域的西南部和今之浙江的東南部，也就是現在的宜興、吳興、紹興、上虞和溫州一帶。所以，原始瓷器既發明於東漢，從「瓷」字的出現，文獻記載，窯址的發掘，以及實物的明證，獲致確定是青瓷開始生產，也就在上述的同時同地出現，所以，青瓷是我國產瓷中最早的幸運兒。

第二：品種分類的說明

六朝青瓷在江蘇各地發掘出土的現狀來分，大致有著兩種用途的分別。㈠是日常用具的品種，有：碗、缽、壺、罐、杯、盤、薰、盒、盂、硯等青瓷器。㈡是隨葬而用的人俑、動物俑、倉、灶、井、磨、猪圈、雞籠和魂瓶等青瓷明器。

第三：造型和裝飾的分析

就東吳和西晉時期而論，這個時代距離漢代的時間不遠，所以，受到漢代的陶器、銅器和漆器的影響較著，顯示在青瓷器的造型和裝飾上的，一些壺罐往往腹部都較扁矮，口徑和底徑較小，但在紋樣這一方面，却是豐富多采的。有些是以動物形象作爲器物造型的青瓷，這和當時藝術發展自有關聯，例如：出土的一對青瓷羊尊，是吳末帝歸命侯孫皓（二六四～二八〇）「甘露元年五月造」的，且有銘文。誠是六朝青瓷器中的精品，北平歷史博物館正在「中國通史展」陳列。造型生動別緻，作臥伏鳴叫姿態，眼神、鬃毛、耳形，且帶有双翅刻紋，周身施釉勻淨，型式精美，給人有一種典雅平靜的感覺，出土於南京清涼山吳墓。同時，出土的熊燈，承盤柱塑着衣的仔熊，双手抱頭頂著油盞，形象非常滑稽可愛，有著趣味橫生的表態，器形灰白色胎，土黃色釉，通高一一・五公分。還有、獸形提梁虎子、蛤蟆水注，雞與雞籠。西晉的伏熊水注、伏兔水注、蛙形水注、狗舍、猛獸尊、熊尊、辟邪水注、虎頭虎子、犀牛、鳥盂、雞壺、雞頭執壺等計一二〇件瓷器，均於南京及附近出土，且大多是青瓷器。只有東晉的兩件醬褐瓷，當時既以燒造青瓷器爲主，但是，其他色釉器物也有存在的。

第四：青瓷器的銘文初現。

南京附近出土六朝青瓷器中，最早最顯明鐫在器上的銘文，是：赤烏十四年銘青瓷虎子，這件開中國歷史先河的青瓷有銘的器物，算是歷史寶貨，也稱得上是出類拔萃的中華文物，現於北平的中國歷史博物館藏展。由於這一件虎子，男人夜寢的溺器，民國四十三年出土在南京趙士崗的吳墓，口徑四・八公分，橫長二〇・九公分，通高一五・七公分，淺灰白色胎，施青釉，釉色綠中發褐，釉汁勻淨；器身似一蠶繭，背上有虎形提梁，器底飾有屈曲蹄足四隻。器腹一側銘文：「赤烏十四年會稽上虞師袁宜作」，另一邊正中刻著「制宜」兩字。赤烏是吳大帝孫權的第四個年號，由黃武、黃龍、嘉禾、赤烏次序排列的，從二三八～二五〇，凡十三年。若果赤烏十四年製造的，應該是太元元年（二五一年），顯見相與歷史記載是有誤的。銘文有誤的原因，也許是赤烏十三年底製造，推想翌年必是赤烏十四年，就這麼想當然耳的刻上。當時改年號是皇帝自家的事，與一般造瓷工匠實作無關，何況，當時的傳播工具和今日是不可同日而語的。如此考據那是一段有趣味的小事。後續發現在六朝青瓷中，有顯明銘文的，尚有甘露元年五月造的青瓷羊尊和熊燈～甘露元年是公元二六五年，距太元元年相隔十四個年頭，且是吳末帝歸命侯孫皓在位八個年號中的第二個。西晉的兩件青瓷器中，吳縣楓橋元康二年墓中出土的魂瓶， 紀年銘文「元康二年閏月十九日記會稽」字樣。元康（永平）二年是公元二九二年；會稽相當如今寧波、紹興的地區。民國五十九年金壇縣境出土的刻花圓扁壺，釉色青中泛黃，施釉欠勻，器腹兩面刻有似人或像花的紋樣，一面刻的銘文是：「紫是會稽上虞范休可作坤者也」，另一面：「紫是魚浦七也」，該項銘文或係匠人即興之作，語義不明，也許，就成開拓後世瓷書的濫觴。東晉的「偶」字銘青瓷洗，器身中腰飾有三道弦紋，黃白色胎，淡綠色釉，釉質晶瑩，開細紋片。口徑三六．八公分，底徑二五．五公分，高九．八公分，無釉底面正中，書有褐黑色楷隸「偶」字，筆力雄勁，意義難明；民國六十二年鎮江南郊東晉隆安二年（三九八年）墓中出土，「偶」字或者指明這一件是當做陪葬物用的青瓷盥盆，也未可知。

第五：例舉優美器物和它特色。

六朝青瓷器中。從許多優美器物裡，發現它的造型和裝飾有著匠心獨運，藝術天成的巧思與技藝超群的感覺，自古江南秀麗的青山綠水，物產豐饒，人文錦繡所造致美妙環境，因此，也表現在瓷器製作這一方面。所以，文化帶動文明，那時傑出成就，也就繼續開拓後來的江浙諸省地方的燦爛光輝的地靈人傑。

在上述例舉這些青瓷器物當中，首先談及虎子，男子溺器，三國東吳時代製品；正和東晉青瓷唾壺一般，在當時人們實際生活中不可缺少的日常用品。若在今日的觀點，不無有落伍和醜陋之感。擺脫以昔觀今，以今比昔的看法，這兩件以人爲中心的生活必需品，有著生活上的普遍需要，必然，燒瓷工匠才應需要來製造的。東吳的虎子，裝飾有伏虎的提梁，形象生動，底部曲屈獸蹄四隻，穩妥得當，西晉虎子在裝飾上造型上有著稍微的變動，不僅虎形位置以及器身雲紋，飛翼刻紋，提梁與獸蹄大小式樣，較前有著裝飾上的活潑感。藝術造詣本就無有止境的，欲把美術帶入工藝，將工藝溶入生活的創作觀念，發皇總是存乎一心的双手萬能與竭盡慧思，表現在純熟技藝這方面爲人喜愛接受。

東吳和西晉燒製的青瓷魂瓶，堆塑的物事容有不同，而在美術工藝表現上却屬非凡，雖是一種明器，但非常具有藝術性質的。器肩堆塑著的層樓疊宇達到八層之多，週邊塑著一些人物、飛鳥，相當複雜；腹部貼有模印的人物走獸，製作精緻，通高四八・七公分，吳天璽元年（二七六）墓中出土，是民國六十二年（一九七三）在金壇金竹墩發掘的，現藏展於鎮江博物館。魂瓶一說就是穀倉罐。現藏展於吳縣文物館的西晉青瓷穀倉罐，通高四九・三公分，民國六十五年（一九七六），吳縣楓橋西晉元康二年（二九二）墓內出土。肩部和上腹較鼓，下腹略瘦、平底，沿肩堆塑著各式人物，飛鳥、樓闕、器蓋作四合院式樓閣，腹壁粘貼模印著人像，飛鳳，排列三個層次，與西晉元康五年（二九五）在同地出土的穀倉罐各有異同的裝飾，該件通高四七・二公分。前是淺灰胎、淡綠釉，後是黃白色胎，薄亮淺黃釉，沿肩堆塑樓臺、人物、鳥獸、形狀與前有異，腹壁光潔無紋，既無瓷碑，沒有銘文，現藏吳縣文物館。

從南京板橋鎮西晉永寧二年（三・二）墓中出土青瓷男女俑。男俑高二〇・三公分、灰色胎，綠釉剝蝕殆盡，額凸目凹，戴著圓形小帽，披服右袵，袖攏双手，面部冷漠的跪坐著。女俑高二四・一公分，青灰色胎，釉已剝脫，頭挽双髻，眉目刻劃清楚，雙唇緊閉，表情木然，兩手交叉腹前，上身裸露，双乳微突，下體圍著褶紋長裙，肅穆站立。另外尚有衣著、表情各有不同的男女俑的陳列。

南朝約一百七十年中，陶瓷較比北朝魏、齊有著進展。宋齊設有東西甄官瓦署，各設督令以專其事。陳朝後主陳叔寶至德元年（五八三），在今之南京大建宮殿，詔由昌南鎮（即景德鎮）燒造陶礎，貢獻供用，雕鏤巧妙而不堅，再製仍有不堪使用的。現藏於南京市文物管理委員會的梁朝青瓷大蓮花尊，民國六十一年五月在南京麒麟門外靈山出土，口徑二一・五公分，底徑二〇・八公分，通高七九公分，灰胎，堅緻，施青釉，釉質光潤，青中泛黃；用劃花、貼花、刻花等技法，作出尊體蓮瓣，飛天等裝飾，顯彰著氣魄雄偉，華麗端莊，這件大尊，算是我國南方所發現的六朝青瓷中，最具當時流行的佛教藝術風格。南朝青瓷器流行的風格是所謂「秀骨清像」，就是以瘦為美，繪画，雕塑也都受著影響。

因此，各種各樣的蓮花紋，忍冬草紋，菩提葉紋，以及護衞佛法的神人和神獸等非常流行於裝飾，特別是蓮花紋，普遍的浮雕與刻劃在碗、缽、壺、罐等實用青瓷器上，成爲南朝青瓷裝飾與造型的特點，當是佛教盛行於世有以致之的。尤以梁武信佛，百政皆廢，都下佛寺五百餘所，全國本朝建八百三十一所，總數二，八四六寺，是東晉及南朝四代之冠。南朝時期，青瓷更加廣泛使用於日常生活，造型較比古樸，沒有兩晉那麼複雜；圓雕和揑塑的動物形象與透雕空花等裝飾，已不再見；加點褐色釉斑也告衰竭；蓮花瓣與蓮花紋，在綠釉掩映下，製作得特別的秀美和諧，顯示佛教風行的時代背景中一種藝術潮流表現。

六、結　論

南京位於我國長江南岸，江左地帶物產豐饒，水流四通，昔是孫吳、東晉、宋齊、梁、陳國都所在，史稱六朝。江南乃是我國瓷器的創始產地，且是初產青瓷逐漸趨向完美之境。六朝的青瓷是促進我國燒瓷一個重要階段。不僅發現許多窯址，墓葬裡發掘到很多青瓷器物，足以證實六朝青瓷的存有及其價値所在。從考古工作中，在今之江蘇出土的六朝青瓷，當與江南地區的政治，經濟、文化各方面有著深厚關係。彼時，旣成爲豪富皇親聚居之所，也就成爲這些豪富皇親的長眠之地。在南京附近的。包括句容，溧水、鎭江以及丹陽、金壇，太湖周圍的吳縣、宜興三個區域出土青瓷頗多，其他地區甚少發現，長江以北，極爲稀罕。帶有紀年銘文的青瓷器，在斷代硏究上，更具強而有力的根據，有助瓷器學術精進。惟在這些青瓷中胎質和釉色方面，經發現一類是灰白色胎，含鐵量火度較高，瓷質堅緻，釉色灰青或豆青，施釉匀淨。另一類黃白色胎，火度較低，胎厚釉呈嫩草綠色，稍具閃黃，間有交錯細小紋片。孫吳與東晉出土青瓷多屬於前者一類，南朝青瓷則以後者的一類居多。

總之，大陸考古的發掘工作，如果繼續不斷開展的話，自然會更有新的發現，藉供今後研究參考。但就現存的事實證明，六朝青瓷那時還處於我國瓷器發展過程中的早期階段，自不能相與後來陸續發展的隋、唐、五代、宋、元、明、清的時期比擬；抑且難與中華民國以來燒瓷工藝的突飛猛進的科技與藝術飛揚匹敵。尤其，六朝青瓷胎和釉的結合易於脫落，釉幷不匀，造致青中帶灰，或發灰的現象，以及胎壁較厚，不夠潔白細膩等燒造技術等，現均一掃而空，終能在求精求新中，步入新的境界。

長沙窯瓷外銷的探索與其它

中國瓷窯產品，在乎潔白、質堅與半透明的三個要素，在唐代武德（六一八—六二六）年間，就有陶玉其人，載瓷入關中，稱爲假玉器，具貢於朝，於是昌南鎮有名聞天下的記載。當時燒造名窯頗多，茲根據吳辛兩氏著的中國陶瓷史擇要稍予列舉：㈠霍神初等，製造進御，色白質薄，其釉瑩徹如玉，名爲霍器；瓷業發達，乃有景德鎮（昌南）瓷器爲之躍起。㈡越窯（今之紹興、上虞、餘姚）燒造以青瓷爲最佳，詩人多咏贊越瓷的色青與品質。㈢邢窯（今河北內丘）所燒，土質細潤，色素，爲世珍重。㈣陝西涇陽的鼎窯，專製白瓷。㈤四川大邑的蜀窯，其器體薄堅緻，色白聲清，可見精美。他如浙江金華婺窯，器次於鼎。安徽鳳陽的壽窯，其瓷色黃，江西南昌的洪窯，瓷色黃黑。湖南湘陰的岳州窯，始燒於隋，終於五代，唐時最盛。瓷青而器次於婺窯，勝於壽洪兩窯。甘肅天水秦窯，器多純素。當時各地窯瓷，惜記載未全，評論偏頗，長沙窯（銅官窯或瓦渣坪窯）即未列入。

今仍存在並續有燒造的銅官窯，也就是唐代業已燒瓷的長沙窯。位於湘江東岸、長沙以北的所在。始於中唐，盛於晚唐、終於五代的發展過程，是輝皇一時。，但是後世有人論斷「長沙窯」是一座「

名不見經傳的民窯」，近從國內外發掘出土的長沙窯材料看來，此說是有欠公允的。站在研究的立場，尤其不能由此而輕易忽視它的既往成就與貢獻。

窯址與瓷產的出土

筆者曾有大陸之行，得便親自訪問長沙文物工作隊隊長兼長沙市博物館館長黃綱正先生相與暢談，並目睹長沙銅官窯部分產瓷，（銅官窯址筆者於民國廿八年，曾由廣西興安前往隋棗支援抗日戰爭，航經靖港越洞庭湖時過此）以及部分文字資料，有著另一觀點與看法，列述於後：

遠在唐代武后主政以前，直至憲宗元和年間（六八四—八〇六），長沙銅官窯業經是燒製單色青釉瓷器爲主，應當列入悠久的古代窯址之一。過去限於資料不如後代的傳播發達，社會上對於越窯青瓷、邢窯白瓷的過分受到重視，再由於瓷產的品質，並非高度優良，加之社會用瓷者的愛惡及買主經濟因素，未能同享「南青北白」的名窯盛名，受到特別歡迎。究其實際，銅官窯是釉下彩大規模燒造創始，行銷中亞、西亞等國家，在貿易瓷這一方面，有著很好的表現，誠非「名不見經傳」一語所可抹煞。至於「民窯」的問題，相對的就有「官窯」。中國官窯興建的萌芽，固有「唐代開始貢窯制度」之說，五代十國有錢。鏐的「秘色窯」，及之、「宋特置官監窯」，以及北宋徽宗趙佶有著「政和間（一一一一—一一一八），京師自置窯燒造」的官窯，產品選擇性強，淘汰殘次品也很嚴格，唐代還沒有所謂「官窯」。若在著論銅官窯的瓷產，似不可以「名不見經傳的民窯」來貶低它存在的輝煌歷史與其所具有的社會價值。

長沙窯是一座高度出產的瓷窯，不僅近年在各地唐代墓葬裏，以及唐代城池遺址中均有產品出土，而其特徵，在於㈠是釉下彩繪和釉下彩飾。㈡是褐斑貼花。㈢是白釉綠彩。因此，長沙窯大宗產品的壺、盤、碗、罐、尤以釉下彩繪盤、褐斑貼花壺，白釉綠彩壺，黃釉藍褐色點彩雙耳罐，認爲是代表長沙窯最高水準的典型器物。在民國四十九年（一九六〇）以前，根據發掘的湖南省境唐墓五〇〇餘座、五代墓三〇〇餘座紀錄，有長沙窯的典型器物，惟自此以後，湖南省境的唐、五代墓葬約八十六座，出土四二五件瓷器中，屬於或相似長沙窯的就有一一六件，主要器物有葫蘆瓶、釉下褐綠彩筆洗、黃釉洗、黃釉盒、黃釉碗、唾壺等。

既然，長沙窯的典型產品是貿易瓷器，它顯然是專門用來外銷而產製的。依據發掘和收集的，當是窯址所在與寧波及揚州等地出土的瓷產器物爲憑來證明長沙窯古代一段輝煌歷史。

外銷名國的有力說明

長沙市文物工作隊在窯址發掘和收集的，計有基本完整的釉下彩繪壺二三〇件，白地綠彩壺二四四件、釉下詩詞壺七九件、釉下彩繪盤五〇件，褐斑貼花壺五〇件、釉下藍褐點彩雙耳罐一三件、釉下彩繪瓷枕一七件。如許典型器物以壺爲多，其中有一種瓷背水壺、也可當做酒壺的，小口卷唇，直頸、扁平體、平底、兩側上下能橫穿繩帶。施以綠彩或全綠釉。還有褐斑貼花瓷器在國外出土很多。

圖案有胡人樂舞、獅子紋圖、椰棗對鳥圖（又稱波斯棗）嬰戲圖等；（北齊范粹墓、隋代李靜訓墓就曾相似發現）。這種具有濃厚的中亞、西亞風格，於唐代長沙窯址出土，說明爲著外銷自當迎合外國買主心理，達到貿易目的而裝飾產售器物，因有紋飾題材多種多樣，花鳥人物、動物建築，詩文等，這是勢所必然的現象。早在唐代以前發現類似圖案，在先已有燒造。

長沙窯着力外銷，從出土器物中俱已找到證據，更從出海口岸的出土長沙窯器物來敍明事實。先從浙江寧波說起：在民國六十二年（一九七三），寧波漁浦門出土唐代瓷器約七〇〇件，長沙窯典型器物不少，佔的第二位。而第一位是越窯產品，數量最多，一方面是運輸方便，一方而是品質差異。尤以胎質上、越窯潔白細膩、釉色上越窯清澄如水，造型上、越窯玲瓏精巧。在長沙窯胎質灰黃、釉色偏黃、造型較比樸實。加之、當時社會重視青瓷，造致長沙窯與越窯在貿易瓷這方面，自然比較遜色，競爭不過。所以、採取低價多銷方式。從一件瓷壺上題字獲得綫索，壺身題有「富從昇合起貧從不計來」，末尾有「五文」二字。有人認爲是唐代天寶年間（七四二—七五六）「斗米之價錢十三」，五文錢只能夠買四升米，由此、證實長沙窯瓷價格較比低廉，具有薄利多銷的實質意義。是否眞的如此，「五文」就是「五文錢」仍待商酌考據。

揚州在民國六十四年（一九七五）的唐城遺址，發掘出長沙窯彩瓷五九八件。出土的完整唐代瓷器中，長沙窯的瓷器約占百分七〇，主要的有喇叭口釉下彩繪壺、黃釉褐綠彩雙耳罐等。其中一件背水壺，題有阿拉伯文「眞主最偉大」。由於揚州是唐代重要的國際貿易商業都市、出海口岸。寧波也是唐代重要的口岸。船經洞庭湖，下長江，長沙窯瓷產水運揚州，當較運經寧波出海便捷省時，無怪在揚州的唐城遺址出土瓷器中，約占百分之七〇，有它道理。

至於、長沙窯在海外出土的器物中，有埃及、伊朗、伊拉克、巴基斯坦、印度尼西亞、日本、朝鮮等國，且以伊朗最多，其中的彩繪鹿紋壺，繪鹿有跳躍奔馳的，也有靜觀凝視的，這些外銷東亞、南亞、西亞各國的長沙窯瓷，經過船舶海運行銷，是與經陸路運輸有著異曲同工之妙，也可見國人自古的貿易精神與冒險犯難的勇氣，乃有其成就。

湘省其它窯瓷介述

中國廣土衆民，歷史悠久，文化昌明，是不爭的事實。近數十年來，考古學術積極推動，出土文物的日增月累，從發掘墓葬、地下窖藏以及到處搜集，對於標本、材料與資料各方面的存儲、運用，有益於中華文化發揚，更在研究與認識上尤多功效。既往就中國陶瓷發展史，有著過多遺漏與缺失，有的是略而不全。例如：湖南一省的窯業，稍涉認知的，亦僅僅瞭然長沙縣北銅官爲中國古窯址之一，由其虎形枕的出現，磁州陶枕不再專美於前。另有醴陵姜灣等處的瓷產，經熊希齡氏的大力推展，舉世皆知，捨此均不甚了了。筆者就銅官窯的發掘出土瓷器中資料所得，既獲新知，爲文就其唐代外銷情形加以概說，茲復推及湘省窯瓷一般分佈情況，再予介述：

銅官窯在唐代成爲貿易瓷的主體，行銷海外，我們已知浙江的寧波、江蘇揚州是它的出海口岸。

在此値得一提的，有說安徽、陝西曾有出土，那是陪葬物；遠在南海的南沙群島竟也發現銅官窯的器物，說明船舶海運域外，如道經印度尼西亞等南海諸國、航行過南沙群島有以致之；不僅確認南沙群島於唐代已有國人的足跡，它是我國領土是無可否認的一項證據。其次、銅官窯瓷產外銷，有其典型器物，如適合遊牧民族之所需；而它的特色就是釉下彩的瓷產，開創我國彩繪瓷和藝術瓷的新路。從繪畫瓷器題材上，僅以一三九幅畫面分類，計人物二幅、動物三八幅，花草六九幅、山水二三幅，圖案七幅，顯示題材變化多樣，畫種相當齊全，多數均在兩色之上，不僅證明銅官窯在唐代已經發明釉下彩，由揚州邗江出土銅官窯釉下彩瓷器的年代，是唐朝太和九年（八三五）；又在琉球（沖繩）出土唐文宗開成三年（八三八）的彩繪盤。加之、從唐代詩人劉言史詩中有「湘瓷泛輕花」句，益足說明長沙銅官窯瓷唐代已富盛名。

湘瓷泛輕花，在永和九年（八一四）的長沙銅官窯已獲詩人歌頌讚揚。而在元和三年（八〇八）大中九年（八五五）和大中十年（八五六）遺瓷發現，在紀年方面更足確定。還有岳州（湘陰）窯瓷，醴陵窯瓷相繼崛起，開啓湖南瓷業發達的途徑。昔時、還有衡陽爲中心地帶的窯瓷興起，只不過瓷色與瓷質稍與銅官窯未盡一致而已。近年於衡陽市、衡山、衡南縣等地的青瓷窯，出土隋唐至北宋時期器物，以蔣家窯作代表發掘千件標本，有助衡陽窯的特點瞭解，謹擇要說明於後：

一、蔣家窯：位於衡陽市南郊的湘江東岸蔣家祠一帶，發現窯址二十餘座，那是民國六十三（一九七四）年的事。主要器形有碗、盞、盞托、盆、缽、缸、壺、瓶、尊、罈、燭枱、硯和工具等。胎色灰白，一般不施底粉、釉色以青綠爲主，也有作藍色，青灰色的，光潔玉潤，水裂紋大小不一。其工藝的特點，捨素釉外，一般採用㈠刻花，常見于壺、瓶、罈、缸等，題材以刻蓮花瓣爲主。㈡印花、多見于碗、盤盞等，花形圖案間有印文字的。㈢雕塑，浮雕多蓮花瓣裝飾，圓雕則有烏龜形裝飾等。㈣彩釉，蔣家窯瓷產是以青釉瓷佔百分之九十九，僅個別器物使用其它色彩，如龜背塗有赭色。另有青釉瓷片上書有黑色文字，如「大中」等。（八四七—八六年、唐代宣宗李忱年代。）

二、東江窯：位於衡陽縣的湘江東岸，與蔣家窯相近，主要窯址在瓦缽苑一帶。瓷胎灰白或淺灰色，個別成灰褐色。釉質有冰裂紋。部分器堅使用刻劃花與印花，主要是蓮紋裝飾，習見于壺、尊、碗、盤、缽、盆、碟等。

三、湘江窯：窯在瓦子堆的湘江北岸，發現青色瓦片，北宋印紋蓮花青瓷碗。其瓷器種類，主要的有碗、盤、壺、罈、罐等，胎色淺灰、赭灰、裝飾手法以刻花爲主，也有少量印花的，刻劃花紋以蓮花爲主，習見于壺；印花也多見於壺、碗、盤等。

另外，在懷化龍井窯發現燒造青花的瓷窯，那是民國七十年（一九八一）在城外許水河西岸山坡處，再經覆查與試掘，清理一座古窯，獲標本二〇〇餘件。它是瓷陶混燒，主要產品有碗、盞、盤、盆、缽、燈盞、燈座等。胎色潔白，或白中泛灰，青花呈黑色、鐵銹色或淡藍色。青花紋樣有飛蝶、花卉等。圖文並茂的，則有紋繪蝙蝠，側繪瑞花、書寫「福」字，象徵吉祥。也有花紋作環帶狀的二方聯續式，向左右二方連續伸延，有似作放射狀般繪於碗盤。

湘省窯瓷默無聞

湖南一省窯址散布各地，長沙銅官窯業自唐代以來，創造釉下彩瓷外銷東亞南亞西亞等國，如今產品還在銷行海外。醴陵瓷亦有大的進展。出品行銷日美等國。（湘陰）懷化（龍井）、零陵、仍有古代窯址可考。以衡陽市爲中心的地帶，自唐宣宗李忱大中年（八四七｜八九五）的晚唐時代，及於北宋趙禎至和二年（一〇五五）間，有蔣家窯、東江窯、湘江窯出土的青瓷，而在蔣家窯出土的印花青瓷產品，構成北宋時代的特色。同時、岳陽、懷化、零陵等地，一樣曾有青瓷產品出土，惜好景不再。長江南岸地帶如：越窯、景德鎮窯、銅官窯，俱能不斷發展，獲致成就。所堪惋惜的，只是長沙銅官窯既往不爲世人所重視，一些研究陶瓷史的人們，往往過於着重越窯，景德鎮窯的歷史過程與甚造就，獨以銅官窯默默無聞。近年經過考古發掘，帶來很多新的訊息，也讓世人獲得很多瓷產資料，有助於學術研究至鉅。筆者湖南之行，就瓷產千載變化之認識，深感湖南各地窯瓷興廢，有惠于筆者的研習非常重要，草擬本文用以記取所得，並將湖南燒瓷的史實加以揭露。確信「行萬里路，勝讀萬卷書」的前人名言，所記所述似嫌簡約，旨在表彰考古工作者，在既往與現時，本著民族意識，點點滴滴的努力不懈，自當有助於中華民族精神的宏揚與歷史的新發現，基於此一認識，始終堅信：凡是中國人應該稍作奉獻予我們的民族，方無愧於智識份子的本分。

剖析柴窯器的歷史之謎

中國是一個歷史悠久的古老國家，地大、物博，人衆。先民爲著要解決熟食的器皿問題，於是摶埴文化應運而生，從陶的產生在六、七千年前，彩陶、紅陶、灰陶、黑陶和白陶的美麗多姿的雅器相繼形成。而製造陶瓷的泥土也就是現在稱之爲含有高嶺石、雲母長石和其他各種各樣的黏土。三千多年前就發明釉，便在陶器上施釉，使製陶技術上又一重大的突破。選擇適當的泥土，加上適應的溫度，竟能使陶器在質的變化上，居然發展成瓷器，乃有商（公元前一七六六）周（公元前一一二二）時代原始瓷器萌芽。因此，從商周到東漢（公元二五—二二〇）這段時期是陶器邁向瓷器的過渡階段，還不完全與成熟的眞正瓷器相同。眞正瓷器燒成而舉世知名，以唐代（公元六一八—九〇六）是其起飛開端。瓷之一字初現於漢代，瓷與陶的分野，在於潔白、質堅、半透明的三種要素。所以唐代武德年間（公元六一八—六二六）有著浮梁昌南鎭（即今之景德）民陶玉載瓷入關中具貢於朝，稱做「假玉器」。蓋玉之爲物，潔白澄清，光輝徹亮，瓷爲「假玉」，說明必已具備三種要素所致。更由於我國瓷器在唐朝中葉通過絲綢之路傳入阿拉伯，埃及人將這些瓷器叫做「綏尼」（ＳｉＮｉ），意思就是中國的或中國人的。復有以中國（CHiNA）來名瓷的。中國這一偉大發明，無怪於出現歐洲市場時，價值貴如黃金，並且、大量仿造。瓷器的創造發明，原先就是青瓷。根據《文選》晉潘安仁笙賦「傾縹瓷以酌醽」這句話，縹瓷便是綠瓷，文字有如此的記載，存世實物也足以證明。唐代的「天聚翠」。十國「秘色」是越州製瓷，（專爲供奉吳越王之物，臣庶均不能用，故云「秘色」，式似越窯器，色則青藍。）五代後周柴世宗所燒淡藍青瓷，即所謂「雨過天青」。對此就論說紛紛，柴窯的有無？傳世器皿何在？引起研究陶瓷的人士以及收藏家們的始終一大關注，有待解剖。

柴窯是超越唐代名窯之冠？

中國在晉代有甌越窰，出品青瓷，也就是所謂縹瓷。甌窯即古之溫州，即今永嘉縣一帶。越窯即上虞、餘姚、寧波一帶。青瓷精美堅緻，視爲後世天青色釉的初創，唐代陸羽在其所著茶經中稱譽「越瓷類玉」。當時燒造青瓷的窯場遍佈浙江全省，受到世人的推崇。

由晉（公元二六五）迄唐（公元六一八～九〇六），燒造瓷器的名窯頗多，最著者：爲新平（即今之景德鎮）瓷業的霍器、以色白質薄，釉彩瑩徹似玉。越州窯既以青瓷是爲最佳，邢窯所燒其色尚素，亦爲世所重。鼎窯專製白瓷，岳窯其瓷尚青，蜀窯的器白聲清。可見當時的青瓷、白瓷在唐代是瓷器的珍品。五代雖有梁、唐、晉、漢、周五國，均據河渭下游，地勢坦蕩，號爲四戰之區，是北方一大勢力的各自獨立的政治單位。十國除北漢外，其他九個有：前蜀、吳楚、閩殷、南唐、荊南、吳越，都在南方。五代與十國，大致並立相同的時代，不僅呈顯大的動亂，也是唐宋之間的一個大分裂的時代。五代結束於宋的纂周，十國始於唐乾寧三年，直至宋太平興國三年（公元九七八），纔告全國統一，那時已經是宋朝建國二十年後的事。南方的吳越，北方的後周，在陶瓷工藝的發展上俱有輝煌的成就，尤以、柴窯一枝獨秀，成爲五代北方窯業精華所在，有人說它「傳世極少，後人得其殘器碎片，亦珍重視之」。我們試讀中外人士的說法是如此的：

「柴窯係後周柴世宗所燒，故以其姓名之，窯在河南鄭州，其器青如天，明如鏡，薄如紙，聲如磬，滋潤細媚有細紋，製精色絕，爲往昔諸窯之冠。」相傳當日請示瓷色，御批：「雨過天青雲破處，這般顏色做將來。」如此訂下柴窯器的燒製標準和它應該具有的顏色特徵。（參閱中國陶瓷史。）舊論，如許之衡「飲流齋說瓷」與謝肇的「文海披抄記，」等均有此說。其源於明初學者徐應秋著的「玉芝堂談薈」，後世諸書則加以引用所致。至於、柴窯器的「青如天，明如鏡，薄如紙、聲如磬」的話，見諸明末谷應泰的著作「博物要覽」裏，但距柴窯燒造的時間，已經是有著六〇〇年的差距。

「事物紺珠」說「柴窯製精色美，爲諸窯之冠」。

「飲流齋說瓷」亦曾指說「製精色美，爲諸窯之冠」的話，想係摭拾黃正一「事物紺珠」的陳話，用以強調柴窯特點的。

唐英「磁器肆考」謂「柴窯寶瑩射日，光可却矢。」

日本的上田恭輔著的「支那陶瓷之時代研究」謂「柴窯既非因鐵而呈之青色，亦非青磁系之青色，而呈天青蔚藍色。釉面色彩潤滑鮮豔，釉汁滑而無滯，其薄處極薄，柴窯之「其薄如紙」非指胎體，實指釉面之極薄處。復因河南系諸窯之胎地，少含硅石成分，經火凝結，故能發出美妙之音。」

「大英百科全書」所謂名貴的柴窯曾有如下記載：「唐宋間之一世紀時間，陶瓷史載曾製二種陶器，其一爲越窯，其一爲最名貴之柴窯，據傳「薄如紙、聲如磬、藍如雨過天青。」

其他外國著名研藏中華陶瓷人士甚夥，其著作中，如：日本大光谷瑞之「支那之古陶瓷」、中尾萬三「青磁之話」、程村居士「柴窯考證」，上田杏村「雨過天青窯」，大西林五郎「支那陶瓷全書」，小山富士夫「支那青磁史」，小林忍「青磁之考察」等，俱載有關柴窯資料甚多，遠較中國舊書爲詳，從此略窺國人對柴窯研究反不如日本的學者專家那麼熱忱專注與深入，也不若日本人那麼客觀具體。在西人著作中，大英博物館東方美術組主任巴錫爾格雷（BZSiI GYAY）在其「中國早期陶瓷」一書裏，固然就中國五代以至宋初著名各窯特徵有所論列，而對柴窯的辨認，諸多值得參考。我國藝術史家王德昭教授，昔曾譯有「中國美術史導論」，他也就「中國早期陶瓷」一書擇要迻譯，茲簡述於後：

一、造型風格：「大英博物館藏的黃綠釉器，以其釉彩質地的精良與口部的迴文花樣，已卓具唐代窯器的風致。唐代陶器的特色爲閎放厚重，色彩奪目，而造形雄健。其中之唐代特著形式大耳壺，其原型見於波斯薩贊銀器而在中國轉用於燒造陶器。中國最早期的陶瓷，形制與文樣，皆與青銅器相似。陶瓷藝術的品質，形式與釉彩的精美，文樣的優雅，至宋代已達於不可幾及的造詣，與藝術的極致，在舉世的高級文明中，曾無其匹」。

二、胎體質色：「柴窯可視爲越窯的仿造和汝窰的前驅，兩者皆具淺黃色胎，上敷以白堊泑地，其上以墨色或褐色作纏枝插花文樣，然後再敷以無色釉面。」

三、釉料色澤：「中國陶瓷及至後周，如美堪薩斯博物館藏的有蓋陶瓷，表面有玻質文樣。早期的越器，胎上敷以翠綠或青褐色釉面，燒製較一般鉛釉器遠爲堅緻，而釉料爲眞正長石釉。陸羽「茶經」謂越瓷色青，類玉、類冰，五代後期吳越王錢鏐氏時的秘色窯爲高麗青瓷色澤的前驅，柴窯可能亦即仿造越窯，以其「雨過天青」翠藍釉面爲越窯於此地新造，較之最上的越窯，尤爲妙絕」。

四、文樣風格：「唐代陶瓷及越器多釉面模花，敷以藍黃等釉彩，模花文樣多作蓮花與飛鳥圖案，產生如金錯銀縷的富麗效果，大英博物館藏的三足淺盤，即其一例。他如同館所藏的浮花、鷲口壺，器身流暢優美的纏枝花葉文樣，與器口柔和的外張弧線，以及又一唐代乳白釉香爐，足部作獅與佛僧等像，皆與薩贊及印度有關，亦有雄健優雅的唐宋風格。「茶經」所載餘姚的越器，常見浮花、堆花等文樣，表現典型的中國情趣和唐代士大夫與文學社會的文雅風流。

綜觀中外陶瓷學者專家們，對於中國唐代與五代十國期間的瓷器的論評，尤其、針對後周柴窰器的揄揚，幾至舉世聞名的程度。柴窯於唐後的五代驟起驟落，更由於「傳世極少，後人得其殘器碎片」，益加珍視。加之、滋潤細媚，製精色絕，其精美可知。因此，富有才智與能力的中國人，既能創造陶瓷，唐代現已名窯遍及全國各地，柴窯曾經是宋代名窯中的翹首，且與開放特殊異彩的定、汝、官、哥並稱，另一既說無柴有鈞五大名窰，將中國瓷業帶領進入興盛的時期，且爲宋代瓷器眞能集前代大成的前驅。在中國陶瓷史裡，後周的柴窯。據傳有其輝煌的一頁，惟無窯址，又無實物，令人難以置信認是杜撰的說辭。

重重難題有待逐一澄清

「大膽假設，小心求證」，應該是人們處世接物的一種虛心、客觀所應採取的態度與實事求是的方法。

柴窯是五代後周世宗柴榮的御窯，專燒宮廷瓷的，由於柴窯的神話荒誕可笑，而且傳世極少。柴窯在現代學術研究上，曾否有無幾成疑問，並不因明清文獻暨外國人士倡說，而獲得一致的公認。這些存疑論者所指出的疑點，不爲無因。玆就一般的難題加以引介申述，期能有著進一步的澄清。

一、柴窯遺址到底在何處？發掘結果又如何？

既然、「長物志」有說：「柴窯器最貴，世不一見。」且布希勒爾（S.W.BushNell）在所著「本世紀前的中國瓷器」中曾經提到「在宋以前後周柴世宗時代，已以陶瓷著稱，迄今人們只求尋得碎片而無完器，柴窯已成幻想。」「柯利爾百科全書」就說「柴窯及秘色窯，在五代時製造，爲當時所最器重，今已蕩然無存，似因朝代陵替，內亂叢叢，而受損失之故。」前國立故宮博物院副院長譚旦冏先生在其「論官窯」一文裏提及「所謂柴世宗所指示的「雨過天青」的釉色器，至今沒有實物和窯址可資證明。」

柴窯器世之存品固屬罕見，而明清兩代有關陶瓷記載又言之鑿鑿，更多溢美之辭，唯一可以追尋的祇只有遺址的發掘。就日本人常石英明「中國陶磁之鑑定與鑑賞」一書中論及明代洪武二十年（一三八七），曹仲明著書「格古要論」：「柴窯在北地河南鄭州……。」另說「柴窯起於汴，因爲，柴榮都是汴京（今之開封），致有不同的柴窯址的說法。

柴窯無正確的遺品，而又窰跡不明，欲想探求眞相不無困難。雖說、清代乾隆帝（一七三六—一七九五）藏有柴窯碗枕各一，評碗「瓷中之皇」。迄至今日的國立故宮博物院方面，無論台北—北京，俱未公開表示過柴窯名品現藏何處，當然期待國家博物館能有所說明，以釋群疑的一種渴望依然存在。不過，國立歷史博物館典藏組主任黃永川先生曾與筆者談及，大陸考古方面，傳聞曾就柴窯遺址進行發掘工作，其結果如何？目前尚言之過早。

二、關於柴窯的說法，在明清兩代有關瓷器著作裏頗多記載，儘信書不如無書。因此，有人認爲柴窯既無窯址可尋，也無實物存世佐證，何況、柴世宗在位僅有六年，創設官窯無有可能，如只認爲柴榮在位六年，不可能有著官窯的創設，筆者以爲這種單純的分析判斷，就遽然證明柴窯之說是由於古人虛構，似尚爲有欠公平之論。

固然，五代（公元九〇七—九六〇）十國（公元八九一—九七八）是群雄割據，弱肉強食的時代。五代的周，由於避免混淆，世稱後周。太祖郭威是繼梁（公元九〇七—九二三）、唐（公元九二三—九三五）、晉（公元九三六—九四六）、漢（公元九四七—九五〇）而在開封即帝位，是爲後周太祖。他原爲元勳之一，任天平軍節度使，受著部下推戴而接帝位，在位三年而逝。養子柴榮即位是爲世宗改元顯德（公元九五四），他原本姓柴，是郭威的內侄，先封他晉王，郭威的兒子們在漢隱帝（公元九四八—九五〇）誅楊邠諸人時，一併在京師被殺，乃得繼承帝位。世宗柴榮在位六年，出師突患重病，返回開封死去，享年僅有三十九歲。

世宗執政，果敢與決斷力使其地位大爲鞏固，不僅在他這一代，再無節度使的叛變，萬事親裁，擴充國力，在位年代苦短，減輕租稅，開墾土地，修整水利系統，扶持自耕農，整肅綱紀，以圖節省冗費，致文治武功，都很可觀。這樣一位短命的後周第二代帝王（第三代恭帝一年，即由禁軍領袖殿前都點檢趙匡胤正式在禪位詔書下就皇帝位，國號稱宋），英武有爲，先敗北漢軍於今之山西高平，並斬臨陣後退禁軍將校七十餘人。後又親伐南唐，交戰三年，盡取南唐江北之地。繼而北向伐遼，四十二天裏，連下河北的瀛、莫二州和易水上的瓦橋關。正在議取幽州，染疾班師。而其文治方面，最著的，既消滅武人政治。且曾延聘儒學之士，考察制度，訂正禮樂與刑法，是五代的第一賢能君主，以其統治的疆域遼濶，相與吳越、南唐、後蜀、南平、楚、南漢毫不遜色。以其國力所在，創設官窯，在理論和事實上，並非沒有可能，筆者認爲六年在位時間雖不算長，但也不能認做短暫，肯做事有作爲的人，應該不是問題。

三、有人認爲「柴窯可視爲越窯的仿造和汝窯的前驅」之說，此一論據，無異是懷疑和否定柴窯存在的一項說明。日本研究中國陶瓷的學者小山富士夫「支那青磁史」謂：「清室故宮及大英斐亦渥大衞卿所稱各藏同型同釉的磁枕。從釉色實際來說，眞的遠不及柴窯的定義，恐怕是清初的僞托，所有支那記載都是一片空文」。所謂「柴窯器的磁枕」，在日本小山富士夫的鑑識之下，認爲是「清初的僞托」，而不是五代的柴窯器。大光谷瑞師在「支那古陶瓷」書中更有露骨的指明：「柴窯是明代雅客所僞托出來，原來是全無的窯，它僅是描寫支那陶磁中最理想，最高的作品罷了」。吾人不能完全聽憑日本陶瓷學者有關柴窯的否定的評論，但也缺乏有力證據予以駁正。至於說柴窯是越窯的仿造，汝瓷的前驅，似乎有一點相似，但也並不盡然。

十國的吳越，自錢鏐據兩浙，共歷八十六年而亡，計歷子元瓘、孫佐、俶五朝，其中南唐之建業、西蜀之成都，成爲藝術東西二個重鎭，而吳越僻處東南，兵革就少，又比鄰南唐，江南秀麗，足以啓發人民的美術思想，錢鏐即以善畫墨竹鳴世。越窯瓷器製作益精，專爲供奉吳越王錢鏐的器物，臣民是不能用的，稱之秘色窯，色澤青藍，其式似越窯器，而清亮過之，受到普遍的重視。從譚旦冏先生「論官窯」一文，談及吳越有進貢秘色瓷器的文獻記載，且由浙江餘姚縣志轉引「談薈」所述：「吳越時越窯愈精，謂之秘色，亦即所謂柴窯；或云柴世宗時始進御」，而「十國春秋」也曾記載「錢假於後周顯德五年四月七日及八月十一日兩次貢周，當有秘色在內」。因此、「柴窯器或許就是秘色越窯器。」譚老雖未明言仿造一辭，但他卻指出「柴窯器或許就是秘色越窯器。」證諸傅樂成著「中國通史」增訂本有言：後周太祖勵行節儉，「四方貢獻的珍食美物，均予罷除」，既有往例，吳越進貢秘色瓷予後周柴榮的可能性，也就增大了。

如果說是柴窯仿造越窯的秘色瓷，不是絕對沒有可能的。後周柴榮既能北伐「北漢」，在九五六年盡取南唐江北十四州地，何嘗不會威脅位於江浙的吳越，不僅是進貢越瓷，協助世宗在開封或鄭州創建柴窯，燒製柴榮的宮廷用瓷，這是敦睦邦交的最佳方式，在現時來說，技術交流，傳授官窯造瓷的特殊技巧，相信是大有可能的。汝窯是繼柴窯於北宋大興的名窯之一，吾國論瓷器的，以柴、汝、官、哥、定諸窯作爲標準。柴窯在時代上來說，只是曇花一現，是在後周世宗柴榮短短六年執政期間，所以有著柴窯傳世極少，後人得其殘器破片，亦珍重視之，售於骨董家，動輒得百金之償。而巧詐之徒，因柴窯難得，乃造作種種神話，以資牟利，謂人「得其殘片佩之，可以卻妖毒：禦矢礮，種種神妙，不可思議，斯固荒誕可笑，然亦可推見柴窯之精美。」的傳言。由此、吾人得以洞悉柴窯世人或認爲果有，惟器傳世稀有，它的殘器破片，被人珍重，以致形成許多荒誕不經的神話，自會產生令人懷疑其眞實性心理，最先一項柴窯倒底有與無的問題—是否是越窯系統的秘色窯器權充柴器？抑是仿造越器稱是柴窯的御品呢？再談是汝窯的前驅，北宋的汝窯出群拔萃，著名於世，集前代大成。汝州位於開封、鄭州的西南，即今之河南省的臨汝縣，昔以產製青瓷著名。如果說：五代末期的後周世宗既有柴窯的創設，北宋汝窯繼之而起，在時空兩者均屬接近，先有柴窯後有汝窯，而成爲汝窯的前驅，在理論上、事實上未嘗無有可能。

綜上所述，古代著名瓷窯之一的柴窯，是五代後周世宗柴榮指令建造。根據明曹昭「格古要論」七，清梁同書「古銅瓷器考」，清朱琰「陶說」二，有關柴窯所燒瓷質「青如天、明如鏡，薄如紙，聲如磬。」傳當日請瓷器式，世宗批其狀曰：「雨過天青雲破處，者般顏色作將來。」因而世稱柴窯爲雨過天青瓷，是古代青瓷的上品，惜傳留極少，故址在今河南鄭州一帶。這種似有似無的柴窯，後世只根據文獻記載，就是不見實物，使人們幾乎墮入五里霧中莫衷一是，究竟柴窯曾否存在確是難以定奪的一大公案。

千古之謎如何揭穿

距今已逾千年的五代後周柴窯的瓷器，在文字記述裏說它不啻是我國瓷器空前的產品，但是，後人多未睹其實物。可是，竟被世人訛傳至神秘莫測的程度，成爲千古之謎。筆者以陶瓷學者恒常以柴、汝、官、哥、定諸窯爲標準，而柴窯的若有若無，始終介介於懷，難以窺測其究竟，拙著「中華工藝至美的陶瓷」一書稿將完成，爲使達到五萬字的最低要求，去年間有東南亞各國之旅後，鑒於我國貿易瓷充沛，甚至少數宮廷瓷樂爲南海諸國愛瓷人士所珍藏，乃撰「中國陶瓷進展與景德鎭興起的探究」一文，「在國立台灣藝術專科學校之藝術學報發表。復正蒐集資料，參閱陶瓷文獻，着手撰述一篇「剖析柴窯器的歷史之謎。」想從疑慮中尋覓一點蛛絲馬跡來說明柴窯與其御用器的有無。正當是踏破鐵鞋無覓處，尋來毫不費工夫，傳記文學突然登出一則廣告，由胡光麃編著的「千年柴窯出土記」問世，化費無多，講而讀之，使筆者得有深入探究良機，衷心喜悅，不可言宣。玆就藏於腦海的一些有關柴窯的問題，逐一提出，就教於讀者諸君。

故宮沒有柴窯真品

記得日本常石英明在其手著「中國陶磁之鑑定與鑑賞」一書中，曾經就柴窯的部份論及清朝乾隆秘藏名品中有著柴窯的製品，一碗一枕，並評稱「瓷中之皇」。但在其文結尾發出疑問，認爲傳聞的北京與台北的故宮博物院藏品中，古代柴窯名品現存何處，應予發表說明。這較諸小山富士夫所指：「從釉色實際來說，眞的遠不及柴窯的定義，恐怕是在清初的僞托，所有支那記載都是一片空文。」如出一轍。從「千年柴窯出土記」出版，第二章「有關傳稱柴窯四器的發見與辨證」，說明民國初年北京故宮古物陳列所成立，公開乾隆所藏號稱柴窯的一件茶褐色花插，欵識內刻有顯德二字。譚且冏先生曾於民國五十二年十二月廿二日，以國立故宮、中央博物院聯合管理處用箋，親筆裁答胡光麃先生有言：「在北平古物陳列所雖定爲柴窯，實則依胎骨釉色論斷，恐係明以後廣窯器，而底刻之欵顯係後刻。」所謂柴窯的故宮花插，並不是眞的柴窯器，實際它是一件贋品。

柴窯的故宮磁枕，固有清朝乾隆後刻的題詞，顯係這位愛好藝術的帝王同樣跌破眼鏡看走了眼，視贋若眞。不僅日英陶瓷權威的書述，咸認均與傳稱柴窯特徵有異，莊尚嚴先生亦曾間接向胡氏表示：「瓷枕兩院均有，惟皆無柴窯之器。」於此，證實故宮博物院藏的所謂柴窯之器，並非眞的，柴窯器的故宮藏有眞品之說，從此不攻自破，世間也還沒有證實發現有著眞品。至於、英國倫敦「斐西渥大衞瓷品基金會」藏的大衞所有與故宮同型同釉一件柴窯瓷枕，在民國五十年期間，胡氏與斐氏夫婦於台北晤談。已自承該項瓷枕「並非柴窯」。所以「柴窯無完器」之說，由此中英兩國原所持有者，已經證實非眞，如此一來，卻如長物志說的：「柴窯器最貴，世不一見」，果眞應驗。茫茫天下，欲覓柴窯器來印證世間千年以前確有柴窯創設的話，若使得公信公認，除非再找確切證據，就很難自圓其說，否則，將永遠成一謎團而不可解。

胡氏禮瓶謂為柴窯

胡光麃先生編著「千年柴窯出土記」一書，其主旨在說明他曾見過的一件謂爲柴窯的禮瓶。幷附有彩色原件照片多件。不僅將清廷乾隆視爲珍寶的花插、瓷枕，已爲故宮博物院的過世老人莊尚嚴先生以及健在的譚旦冏先生正式函覆否定，就連英國斐西渥大衞所藏的瓷枕也已自承非眞，唯世獨尊的胡氏親睹的禮瓶，算是獨一無雙的柴窯名器。

「千年柴窯出土記」，有著傳記文學社發行人劉紹唐（家向）先生的序，繼著是胡光麃先生的前言，惜乎均未註明年月，就是出版也無年月，更無地址。

依據著者略歷，胡氏是一位大工業家，而其著作有「波逐六十年」、「中國現代化的歷程」、「影響中國現代化的一百洋客」等書，肄業清華及南開學校後，留學美國麻省理工學院，四川廣安人，生於清光緒二十三年（一八九七）如今是九十二歲的高齡，是禮記說的「耄年」已過的長者。

從劉序裏得知，並未親睹實物，只是胡君見示其昔年目睹一山東禹城出土瓷瓶及後攝之彩色倩影八幀而已。而胡的前言，謹說：「精美冠絕古今中外，只有傳說而不一見的柴窯，已由神奇地因埋藏而保持了一千年的一個瓷瓶在山東禹城偶而被挖出土的發現，終於解開了千年以來的懸疑，而確定尚有柴窯其器在世，為中華藝術之最。」

被稱是柴窯的瓷瓶，就胡氏簡記其特徵如下：

一、造型：高十五英吋半，左右各具一戟耳把手。

二、用途：廟祭獻花禮器。

三、胎體：陶質、薄敷白堊一層，外加色釉。

四、釉色：為「雨過天青雲破處」色，現寶石光澤。

五、文樣：瓶身滿布纏枝七寶蓮凸花。

六、土銹：背面瓶身瓶首各布千年土銹痕跡一片。

七、款識：正面瓶口模有宋體「顯德年製」四字。

胡氏所見的柴窯瓷瓶（見圖），是在民國十年左右，其色蔚藍徵帶翠綠，鮮艷奪目，型似古代青銅類器。他據收藏者補齋居士告之：在民九年冬，得之於天津某肆、肆主謂係輾轉得於濟南，原由禹城建造馬路被挖出土，渠因不悉顯德為何朝代，諉以明代物出沽，得後、洗其塵垢，乃顯出雨過天青雲破處景象及土銹等奇觀。歷經收藏名家多人研鑑，確認屬眞。尤以周仁（子競）為中央研究院第一屆院士兼鋼鐵陶瓷研究所長，就其科技觀點立論，最為肯定，認為絕世珍品，而胡氏由於多年以來，歷經學者們對於柴窯的研討，自認舉世只有禹城瓷瓶確屬柴窯。

柴窯器的實物疑點

本著大胆假設，小心求證的實事求是的精神。根據胡光麃先生親目所睹補齋居士珍藏的大型花瓶一座，謂為柴窯。雖稱此器是民初禹城建造馬路被挖出土，既無確實發掘出土紀錄可資參考，發掘人何人、何地、何時，當時有何人見證，出土情況如何，均是一無稽考。且該項瓷瓶早經運往美國，現存何地何人，也渺無所知。說胡氏得見是民國十年，亦非彼之所有，事隔有六十八個年頭，物轉星移，幾許變化，即欲再得一見，恐怕也無可能了，坐失求證的良機。而胡君斷定所謂禹城一瓶確屬柴窯，他主觀的認定是：㈠有古代青銅器風格。㈡戟耳把手，顯示最莊嚴而適宜於奉祀祭壇類用品。㈢胎體質同瓦缶，故應發出近如石質之聲，符合傳說柴窯「聲如磬」之特徵。㈣釉色滋潤細媚，具寶石光澤，故其明可如「鏡」。瓶釉最厚處蔚藍微紫，淺處如翡翠微綠，最薄處透明露底如白玉，鮮美尚有過於傳頌「九天風露越窯開，奪得千峯翠色來之翠色，比藍更靚，較綠尤妍，合於「雨過天青」的特色。㈤文樣：

滿貼纏枝花葉六枝，花爲西番蓮形，典雅雄健，富麗樸厚，與唐代文士習尚及越窯風格有關，是爲宋代及其後瓷器所罕見。㈥土銹：瓶身滿現細紋開片，乍顯異痕奇徵，更可證其確爲千年柴窯無疑。㈦款識：此瓶「顯德年製」四字，現於七分寬之瓶首邊沿，款識製法異徵，載於瓶首邊沿而非瓶底，最不常見，皆足認爲柴窯特徵的佐證。

胡氏確認柴窯瓷瓶，從其書中所列與掛圖所列各點，措辭美則美矣，說明無一非柴窯莫屬。惜乎柴窯瓷器再無其它佐證提供，因此、唯一的所謂柴窯禹城瓷瓶，就此一件，另從未有見其它，若是不加比對鑑賞，又從何證實其眞眞假假？主觀的認定，這種非客觀的自我判斷，總有一點令人懷疑其實眞性的程度。鑑於中國人的聰敏才智，古代名家字畫，固多贋品似假非眞，如眞實假，且往往贋品價值超越眞品之上的，不一而足。仿製古代器物的更是高手倍出，試舉一例：爲：印文「受命於天既壽永昌」的秦始皇「傳國璽」，由後唐末帝的李從珂（九三四—九三六）清泰三年自焚後，即已不知下落。而在北宋—元朝、明代、清朝多次有獻璽的鮮事，其實俱是以假亂眞，邀寵諂媚的仿造玩藝。最後一次，是在清高宗乾隆三年（一七三八），江蘇省高郵寶應兩縣搭界的界首鎮運河裏，浚河河工挖出一顆「受命於天既壽其昌」的仿製品傳國璽，曾經存放乾清宮裡，如今下落不明。從事實上，自古迄今、陶瓷複製仿造贗造也從未有一時期告停。再說、乾隆視爲柴窯器的清宮兩器，經故宮博物院陶瓷專家譚旦冏先生函覆胡氏指稱「恐係明以後廣窯器，而底刻之款顯係後刻」。莊嚴先生更說明：「熱河行宮之花插，今在中央博物院，該院審定名稱已不名之爲柴窯」。清宮與美國保存的柴窯花插、瓷枕，終於判斷乃是贋品，世間再無傳說有眞的柴窯器發現。而胡氏自認禹城瓷瓶是貨眞價實的唯一柴窯器，如今依然失去蹤跡，但又何處尋覓來加考證？當然、最佳的方式，是透過科學測試分析，來破解千年之大謎，也可斷定胡氏所言是眞的還是假的，不能全憑美麗的辭藻和一已的論斷引申爲憑。一切還是要靠科學來作決定的。

更有進者，胡光應先生編著的「千年柴窯出土記」的瓷瓶掛圖，說明款識正面瓶口模有宋體「顯德年製」四字，這模印的字體到底是那一種字體，胡先生認定宋體。顯德是後周世宗柴榮的年號，那個朝代還不是宋代，所書字體似乎不該逕稱宋體，按：宋體字有兩種解釋。其一、宋版書籍中一種結構方正勻稱的字體，但又不同於楷書體。其二、明代又從此體演變爲橫輕直重，字形方正的字體，稱匠體字，又稱宋體。由此、宋體初成於宋版書籍，明代演變匠體字，又稱宋體的。果如瓷瓶「顯德年製」四字是宋體的話，這座禹城瓷瓶，豈非宋明模刻，又何來柴窯舉世獨一的碩果僅存者？這也是值得認定柴窯器者的深思和熟慮的。

結論

若是筆者以民族情感的觀點，當然希望我國出產名瓷的汝、官、哥、定諸窯，再冠以著名的後周柴窯，而且、也不致辜負明清陶瓷學者記述有關柴窯的推崇。由於柴窯傳世極少，甚至一無發現其眞，焉論殘器碎片？旣難證實，是謎也是遺憾。固然、柴窯事隔千年，其窯址在開封抑在鄭州、更難確定。

加之、世無實物堪資認定，所以、難以公認柴窯往昔的有無，而胡光麃先生六十八年前所見的瓷瓶，只能當著疑似之物，絕不能武斷說是柴窯器的肯定存在，他的「千年柴窯出土記」，只可供愛收古陶瓷者的研究參考，不能據以作爲一項就是世有柴窯器的論證。筆者以美京佛里爾博物館館長波卜致胡先生函所稱，來作本文結論的收尾。波卜館長說：「亟望能目睹閣下所說刻已在美之實物，如能予以安排如願，至爲企感。在我研究此物三十年間，雖曾見幾件號稱柴窯之器，但無一屬實。因此、我亟盼能早知此著名傳說之得證實。」

筆者深深企盼從柴窯故址的發掘，以及留在美國的柴窯實物得到科學的驗證，使柴窯千年之謎的眞相得以大白，而不致再像今日這般依然虛實不明，眞假莫辨。相信、這個願望也是世人所一致渴求期待的。

參考書目：

一、中國通史：傅樂成著
二、中國美術史導論：王德昭譯
三、中國美術發展史：凌嵩郎著
四、陶瓷彙錄：譚旦冏著
五、中國陶瓷史：吳仁敬　辛安潮著
六、中國陶瓷史話：李啓明著
七、中國器物藝術：劉良佑著
八、中國陶瓷之鑑定與鑑賞：常石英明著
九、千年柴窯出土記：胡光麃著
十、中國歷史地圖：程光裕　徐聖謨主編

景德鎮燒瓷與宋氏名窯

中國陶器與瓷器的分野，一般說法蓋自漢始，因爲這個時候，方有「瓷」字的出現，有此字纔有此物，這不無道理。另一說法，我國歷史及於漢代，文物日漸昌盛，且與羅馬及東歐諸國，交通已開，輸入琉璃製品，國人取用琉璃藥的方單，發明各色釉藥，如：青色、濃綠、青褐、色白、灰色、漆黑、淡黃，說明漢代以前，陶器塗釉是沒有如此發達的。當然。也有人說，瓷的存在，應該上溯戰國，但尚是萌芽時期，陶器敷釉也曾偶有發現，但幷不普遍。

既然，漢代已有所謂瓷器，相信距離不滲水，半透明的瓷器，還相差一段時期，只可以說，漢代雖稱發明瓷器，算作初瓷，應是中國陶瓷史上的發軔期。眞正的瓷器，該是唐爲正宗，宋代方是瓷器集大成時期。因此，在陶與瓷的方面，也就各奔前途，在製陶基礎上促進瓷的發展趨於神速。

瓷與陶的差異，在於潔白、質堅、半透明三個要素，所以有人稱瓷爲「假玉」。燒造瓷器的歷代名窰，遍及各地，年深日久，變化多端，從歷史上去探討，似應作一扼要的敍述：

根據浮梁縣誌記載：「新平瓷場，創於漢代」。新平是浮梁的舊稱。南北朝時代，陳後主至德元年，有詔昌南鎭燒造陶礎，貢獻供用在建康大建宮樓。隋唐時代的昌南鎭於是名聞天下。又據浮梁縣誌有說：「唐武德中，鎭民陶玉者，載瓷入關中，稱爲假玉器，具貢於朝」。更有武德四年，命霍仲初等製造進御，色白質薄，釉色瑩徹似玉，當時名爲霍器。雖然，陶瓷燒造，歷代不替，直至宋景德年間，由於燒造的瓷器，土白壤而埴質薄膩，色彩滋潤，眞宗命進御的瓷器，應書「景德年製」，尤稱光緻茂美，一時海內，爭效製法。這一個在江西浮梁縣西南二十里的地方，由名新平、昌南，成爲景德鎭，爲我國第一產瓷區，這個縣下一鎭，竟躍爲全國四大鎭之一，反而浮梁縣名默默不彰。元朝入主中原後，瓷器製造繼承宋代諸窯，與宋窯無大差異，只有監督的官銜稍有更改，有令則燒，無命則免，採取「官監民燒」的方式。但進御瓷器，標準很高，器內皆有樞府字號，因此，元瓷當以景德鎭出品的樞府窯，算是頂尖的產物。及之明代，景德鎭幾乎執瓷業的牛耳。法國傳教士形容它「晝間白煙掩蓋天空，夜則紅焰燒天」，瓷業發達，獨步全球。清朝造瓷，亦以景德鎭是其中心，足以媲美明代盛況。「官督民燒」，有異於明代的「匠籍」御窯，且歷任督陶官熱心倡導，如：藏應選、郎廷（佐）極、年希堯、唐英，促使技術益精，產量愈豐，其典雅姸麗，足爲御瓷之副。民國時代，產瓷最盛的地區，仍以景德鎭爲尙。

中國燒造瓷器的景德鎭，也曾遭遇浩刼，明末毀於李自成的作亂，清代咸豐年間，又曾爲洪楊所破壞，今日大陸仍然沒有臺灣燒瓷那麼精進。

鑑於宋代瓷器，承先啓後，蓬勃發展，並爲國際貿易的要宗，我們從英文裡的中國和瓷器對稱，即可窺知中國陶瓷藝術的成就非凡，舉世聞名，這是公認的事實。燒造瓷器最著名的窯址，倒不必劃分窯系，謹就其間超衆出羣的略加介紹，俾能溯古鑑今，使存世名瓷知其來由。

定窯：燒造的瓷器有南北的分別。北方原由河北定州窯產，係繼邢窰爲白瓷之冠。釉色似粉，通稱粉定，又稱白定。所以河北定州燒製的稱之北定。宋室南渡後，在江西景德鎭燒製的，名曰南定。更由於質色差異，名亦不同，如：土定、紫定、黑定。見諸蘇東坡試院煎茶詩有句：「定州花瓷琢紅玉」，歷代瓷器譜也載：「定瓷分紅白二種」的說法，那定窯勢必又多一種紅的色彩，只是傳世極稀，自然不如粉定的身價。有說景德鎭仿品色呈青白乃稱粉定。

汝窯：建在河南汝州，專燒青器，是在宋哲宗與徽宗二十年間與後周的柴窯所燒宮廷瓷相若。柴窯係在宋前後周柴世宗的官窯，爲五代名窯之一，相與吳越秘色窯同等著名，柴窯是在河南鄭州，吳越窯是在浙江越州。汝州製品有厚薄兩種，昔說柴窯「雨過天晴雲破處」的釉色，是以淡青爲主，亦有豆青、蝦青、茶末等色。如今，柴窯有無尚難肯定，汝窯專燒宮廷瓷，廿年間留存世界的有七十餘件。

官窯：宋代大觀政和間，徽宗在汴京置窰燒造的官窰，土質細潤，胎與釉俱薄如紙，色有月白、粉紅、精青、大綠、油灰等色，惜爲時至短。宋室遷都南渡後，復在杭州鳳凰山下建窯燒製，仍襲舊京遺規，惜開封與修內司的官窯窯址，迄今尚未發現。只有烏龜山麓的郊壇下，另立新窰的窯址，在民國十九年，曾經發現窯基，算是北宋南宋朝廷自建官窯的三址之中，唯一已經證實的。

哥窯：浙江處州有章生一、章生二昆仲，同在龍泉各設一窯。生一所燒琉田窯，又名哥窯。生二稱龍泉窯，或稱弟窯，又名章窯。二窯皆民窯巨擘，足與官窯抗衡。釉色以青爲主，並以碎紋著名。弟窯有粉青、翠青二色，滋潤瑩澈。哥窯瓷器很多，以台北國立故宮博物院是主要的收藏者。

鈞窯：在河南禹縣，昔號均臺，故名均窯，又名鈞台窯。燒造以彩色爲尚，艷麗絕倫，且以紅紫爲美，其他諸色，不勝指屈。傳世有花盆、洗子，尊等，器底刻有一至十的數字，判是配套記號。

上述宋代名窯外，尚有平陽窯、耀州窯、磁州窯、建窯、廣窯、象窯、博山窯、平定窯、河北窯、楡次窯、霍州窯、宿州窯、泗州窯、蕭縣窯、麗水窯、餘杭窯、吉州窯、唐邑窯等。乃有所謂宋代五大名窯，與八大瓷系的並稱，是興盛的總括。無怪宋代瓷業邁越前代，堪爲中國瓷器突出時期，是無可置疑的。

中國瓷器的製造，窯址歷有變遷，成品互見優劣，而散佈世界各國，或爲博物館所藏，或爲私人所珍貴，恒河沙數，難以統計。經人寵愛視若拱璧的名瓷，價值高昂，有日漸昇高的趨勢。「求知雅集」，曾帶給國人藝術欣賞的大好良機。從瓷器型式、釉色、花紋裝飾、胎土各方面欣賞，明確認識眞瓷的出現，唐代已經具備潔白、質堅、半透明的三個要素。宋代的黃金時代的形成，使瓷業發揚特殊光輝。元代在技術上主要的成就，厥爲青花器的製造，且有奇特的樣式，爲前代所未有。明代則具獨特風格，流暢自然，富於匠心。清代是以形制與數量豐富，色彩豪華，技術高超見長。若再從珍品中個別而論，唐代三彩飛雁紋三足盤、牙白釉貼花雙龍耳瓶；宋青釉刻劃荷花紋盌、天藍釉缽；元青釉貼鸞鳳雲紋盤、青花孔雀庭園紋大盤；明永樂青花纏枝番蓮小蓋罐，成化青花嬰戲圖盌；清康熙郎紅瓶、嘉慶珊瑚紅地五彩描金嬰戲圖盌等，都是耐人尋味，增添在鑑賞中喜不自勝的快慰。

於此，得窺景德鎭燒瓷，固有歷史淵源，以及官窯民窯的相互激勵競爭，使之冠絕一時；而在宋代的五大名窯，還有八大窯系相與並稱，其藝術造詣的盛興蓬勃，誠是陶瓷史上的浩大榮光。

韓海沉船中宋元瓷器

韓國金羅南道木浦港附近海床，發現一艘沉沒已有數百年的中國古代商船，撈獲我國宋元時代古物，有人認爲這是世界上歷來最有價值的一次海洋考古發現，引起世人的注目，也就有著若干的推測與探討。

韓國文化財管理局於民國66.年11.月1.日起開始發掘，至同月三十日暫停，計獲青瓷器皿、瓷碗、硬幣、大口瓶、盤碟、陶器、石磨及果實等七千九百六十三件，認爲係屬我國宋朝或元朝的產品，其中青瓷十件，極具價值。打撈實源自九月間，由「盜掘犯」撈起的一二二件，漁民申報七件，應是八〇八四件，其中瓷器一八一〇件，陶器一〇五件，銅錢六〇八八枚，金屬及青銅製品二三件，日常器具及其他五八件，以量來說銅錢最多，次爲青瓷、白瓷和鐵釉瓷器。六十七年七月又復進行打撈古物和檢視沉船遺骸，更有許多新的發現，愈益增強中國的沉船價值。

筆者時任國立歷史博物館研究組主任，曾經偕同專攻歷史的林淑心小姐，在民國六十七年夏季去韓公幹期間，曾經有著三天時間，由韓國文化財管理局金石龍局長，指派金東賢、金奉三兩先生陪同，先後參觀水原城廓復舊工程、民俗村的經營、舊宮文物珍藏，以及在韓國新南郡木浦港西南四十三海里處，埋於海床泥土中二〇公尺深的沉船撈獲的瓷器等物，誠是獲益不淺，成爲韓國之行的最大收穫之一。

韓國撈出我國古代沉船物品的宋元瓷器，由韓國國立中央博物館技術室保管，從事泥土及海草清除，以及貝殼附生的特別技術的清除工作。在訪問參觀中，國立中央博物館館長崔淳雨親爲接待，崔氏風度至佳，是一位諄諄儒者，館址位於景福宮內，環境清幽開闊，藏品頗爲豐富。指派李相洙先生與一位楊小姐陪同參觀說明。對於其中撈掘的瓷器拾件，如青瓷、白瓷、天目碗等，光彩柔和耀目的青灰釉色，油然發生一種親切的感受。有一碗底陰刻「長命富貴」吉祥語句，另有一毛筆墨書「十七」字樣，或爲商人記數之用。而其間瓷器最爲引人注目的，有「青磁牡丹唐草文瓶」，「白磁陰刻龍紋壺」，「青磁陽刻牡丹紋環耳瓶」，「青磁碗」與「白地黑繪雕花龍紋壺」等。

在韓海沉船撈獲所得，確數在八九千之上，有說一千三百餘件，或係指特別具有歷史藝術而罕見之物而言，亦未可知。總之，此項意外的如許中國古物，得來誠非易事。至於發掘，得力於韓國海軍蛙人以及一位美籍青年學者協助很多。

是宋瓷抑係元瓷。由於元代入主中華甚促，僅九十一年，一仍舊貫，在瓷器製造亦是承繼宋代諸窯無甚差異，雖論者以元代瓷器，以釉色厚而垂，濃處或起條紋，淺處仍見水浪，惟此一特徵，尚難作肯定之外象觀察而斷係宋瓷抑爲元瓷。大致堪資論證的，就其獲得的青瓷牡丹紋瓜形瓶，具有「泰定四年」年款，是元朝六世帝王奇渥溫也孫鐵木爾在位出品，最後的一年改元致和（西元一三二四—

一三二八）。另外，就所撈得的銅錢，溯自唐朝開元，以及元朝的「至大通寶」，（按：至大爲武宗年號，在位四年，名奇渥溫海山，世祖孫（西元一三〇八—一三一一年是元朝第三世帝王。）自此以後，並未在銅錢中有所新的發現，雖然銅錢與瓷器所記年代只有十六年的差距，同時，至大二年始鑄錢，從這些資料中判定瓷器是十四世紀的出品，應該是沒有疑問的。而且，韓國撈獲之白瓷、青瓷、印花、劃花、雕花諸器。泰定年間，在景德鎮使本路總管監之；湖田窰則造黃黑釉之器。這些瓷器究竟是產於浙閩，抑出於江西，和到底是由那一港口出海，目前尚待專家學者作進一步之探討分析，若遽加判斷尚待商榷。

有說韓國撈掘瓷器是屬於貿易瓷，這由於元代通商於歐亞的事實作爲佐證。至於說，這船本是航往日本，遇風或遇激流沉沒於木浦港附近道德島海床，這很難作圓滿論說。考諸韓國國立中央博物館所藏韓國陶瓷名品，如十二世紀高麗朝「青磁象嵌辰砂彩牡丹文梅瓶」、「青磁象嵌文缸」、「青磁人形注子」、「青磁龜形注子」、「青磁象嵌牡丹菊花文瓜形花瓶」，以及十八世紀朝鮮朝「白磁辰砂葡萄文壺」等選品來看，韓國朝野自古即喜愛青瓷和白瓷的瓷器，即以漢城首都女子師範大學博物館的瓷器珍藏，也是以此爲主，而青花瓷的收藏，還是十九世紀出品的爲最早。在其收藏名品中，有：「青磁雲鶴文鶴首瓶」、「青磁象嵌菊花文瓶」、「青磁象嵌文托盞」、「白磁大壺」，以及「黑釉壽福文扁壺」等。再以民俗村中，承傳「高麗青磁」與「李朝白磁」傳統製作諸器，如：「青磁陰刻瓶」、「青磁象嵌菊花文瓜形瓶」、「白磁大圓壺」等，以及一般瓷器市場與攤販所售，無不以青瓷爲其主體，這也可以說明近八百年來，韓國朝野對青瓷喜愛的程度。站在通商的立場，顧客所喜愛的商品自易銷售，應該是毫無問題的事，何況在形制、文飾、題款種種方面，中韓俱有極為類似的共同之點，更可以說，貿易是文化交流一種巨大的力量之一。何況，韓國在高麗時期的康津窯即產青瓷、如牡丹唐草文梅瓶、雲鶴文盌鴛盤等，幾與我國宋元之間的龍泉窯的出品相若。

中華瓷器在韓國大放異彩，使韓國寶物中又多一筆財富，增進歷史與藝術的價值至宏，而在中韓文化交流史上，確是加添一段佳話，對考古學家與陶瓷愛好者實是福音。

又有人說，這艘沉船是韓國的難民船，更有以為是日本第二次大戰期間的運寶船，這種不經之談，由於證據薄弱，似難列為考證的依據，所以，沒有參考的價值。

韓國海底沉船的撈掘，去歲（民國六十六年）只工作了一個月，因為水寒浪高而暫停止，今（六十七）年七月，又復開始而更有所得。雖然我國人士尚未有人獲睹沉船地點與撈掘的實況，僅就撈掘物中加以揣摩猜測。由於船首業經腐朽，只剩船艙，能否使之露出水面尚難逆料，即船身縱寬也只能略知大概，至於，船的型態也就無法描繪。其間幷未發現人畜的遺骸，所以，有些判斷是難以進行的。

醴陵瓷業變遷的記述

有人評論中國陶瓷，認爲：「如果說景德鎭是中國的第一瓷都，那麼醴陵就是中國的第二瓷都」。衆所皆知江西景德鎭的瓷業興於唐，盛在宋元，明清的官窯均置於此，成爲中國的瓷都，無人給予否定的。至於，其鄰省湖南的醴陵，雖然同在長江以南，何以論斷它是中國的第二瓷都，似乎應該加以探討說明，方足以明其眞相。

假如以海峽兩岸來衡量的話，景德鎭是否仍屬中國的第一瓷都，尚待研考確定。因爲，台灣有著產瓷著名的城市鄉鎭，其造瓷精美，釉色多姿，產量豐富，銷售力強，自可與景德鎭、醴陵相互頡頏，甚或等量齊觀，抑或超越領先，也未可知的。

若以歷史的觀點與燒瓷的發展來談，我們對於中國的第二瓷都醴陵在瓷業方面的成就，値得稍加論列：

景德鎭與醴陵，俱位於長江南岸。前者隸屬江西省，後者則屬湖南省。這兩個產瓷的地方，被列爲瓷都的依據，那是在民國四十四年（一九五五）在北平舉辦全國陶瓷展覽會，參加的有吉林省延壽；

河北省唐山、宣化、邯鄲；河南省禹縣、登封；山西省渾縣、雁北、陽城、大仁；陝西省銅川；甘肅省山丹，永昌；新疆省迪化（烏魯木齊）；四川省甘孜、犍爲、威遠、江津、江安、重慶、滎昌、秀山、峨嵋、忠縣、樂山；貴州省興義、黔西；雲南省建水、龍陵；湖南省醴陵、新化、洪江；湖北省漢川、宜昌；江西省景德鎮、萍鄉、雩都；福建省德化，長樂；廣東省南海、石灣、潮州、楓溪、大埔、饒平；廣西省賓陽等地區的陶瓷產品。及之，隔著二十四個年頭，在民國六十八年，上海學辦又一次的全國陶瓷藝術展覽，滙集各個主要陶瓷產區的優秀作品。自與上次展覽有著顯著不同，不僅規模擴大，展品數量增多，種類跟著豐富，還有新創的產品，在衆多參加的地區當中，以景德鎮領先，保持第一瓷都的既往盛名，而醴陵竟然也贏得第二瓷都的美譽。根據楊永善、楊靜榮合著《中國陶瓷》一書，記述兩地獲致最高榮譽的評價，是這樣的：

景德鎮率以傳統優秀名瓷獨占鰲頭，展示作品精益求精，彩繪瓷器如青花、鬥彩、五彩、粉彩、新彩，具有新的面貌，內容有傳統題材，也有現代題材，且用顏色釉表現具象的景物，色彩變化自然得體，筆墨淋漓。薄胎瓷器原是景德鎮的傳統工藝特色，製作和彩繪向都稱做精緻。

湖南醴陵的釉下五彩瓷器，胎質潔白細膩，釉面光潤晶瑩，執各地白瓷的首位。其製瓷原料質優，是重要的條件之一，工藝技術的提昇與精益求精的加工製作，尤是決定性的因素。它的茶具、餐具等日用陶瓷器，行銷廣遠。在潔淨玉潤的白瓷上，描繪色調柔和的釉下五彩裝飾，力求藝術效果；山水、花鳥等裝飾上，顯示著作者於繪瓷藝術上的莫大造詣。也就由於這些成就，使得醴陵瓷器駕乎湖南全省甚至其他地方。這非偶然的倖致，承繼傳統的從艱苦掙扎中所獲致的微績，不妨從其演變發展與慘淡經營諸方面加以追溯與探討的。

醴陵燒造瓷器始於何時，我們該來回憶一下。從陶瓷歷史來印證，湖南的陶瓷發展，最先著名的莫若長沙的銅官窯。還有岳州、衡陽、零陵、懷化等地也有燒瓷，惟悉皆民窯。就醴陵縣誌記載：清代的雍正七年（一七二九）醴陵始製粗瓷。富於瓷土資源的醴陵，在雍正年間，一位來自廣東興寧的廖仲威，於溈山地方發現質地優良，開始用以製瓷。縣內既擁有得天獨厚的瓷土，復有釉泥，耐火泥等原料，加之，燃料的木柴、動力的水源，顏料的土墨，捆紮材料的葛藤等，無不具備。不僅溈山瓷土是醴陵最早開採的製瓷主要原料，漸次推廣于赤竹嶺、老鴉山、王仙觀口、大小林橋、瓦子山、漆家坳、嚴家冲、五十窖前、寨下、羅坪境、青泥灣、茶子山、塘山口等處。當初廖仲威於溈山向寺僧智慧賃山採泥，創設瓷廠，并約同鄉技工陶、曾、馬、廖、樊姓等二十餘人參與，遂成醴陵瓷業的嚆矢。溈山有樊公廟，就是紀念明代製瓷先師樊進德所興建的。有說樊姓江西南昌人，曾于中楓塘設窯燒瓷。

醴陵瓷業始于清雍正七年（一七二九），距今只有二百六十多年歷史，若與明清兩代即已成爲我國瓷業中心的景德鎮相比，在時間上誠是瞠乎其後；所以，只能產製粗瓷，其表現尚不若鄰縣萍鄉的精緻。及之，交通運輸不斷改進，由於地處湘東，位於萍鄉、株洲之間，從水運經淥江通達湘江轉入長江沿岸各埠，後再建有株萍路段與浙贛鐵路接軌、復與粵漢鐵路、湘黔鐵路交通，并有公路的相互輔助，輸運自然活絡。雖然瓷產多在鄉間，出窯後集運姜灣，於是，客商雲集採購、木船裝運輸送，更獲地利。清光緒三十一年（一九〇五），得熊希齡氏大力支持，事前藉著隨端方（註一）出國考察憲政的機會，得見日本產瓷精美，心竊慕之；爲著振興實業，與縣人文俊鋒親蒞潙山東堡等處實地調查，堅定開發的決心和信心，稟清湖廣總督端方設立瓷業公司，呈文乃本著「成本最省運本最輕之貨，其必能抵制輸入」的理念，一、立學堂，二、設公司，三、擇地點；親任總理，促使醴陵瓷業開展，作出偉大貢獻。在湖南人來說，他的成就是無可否定的。（去歲筆者繞道去鳳凰，曾親詣熊氏出生故居瞻仰）醴陵當地人士中的文俊鋒，字代耕，任湖南瓷業學堂監督，佐熊氏振興實業，服務桑梓。文斐字牧希，留學日本，同盟會員，與辛亥革命光復長沙，被推大都督的焦達峯同學友善，著有「醴陵瓷業考」一書，民國三十二年棄世里第。上列二位文姓先進，僉認爲醴陵瓷業曾經付出心血的人物。

探求醴陵瓷業發展變化，經濟固是一項問題，而外在與內在的因素影響，造致盛衰浮沉，曲折起伏的諸般現象，其間歷經滄桑，概略劃分階段來作顯明的敍述：

㈠一七二九～一八五〇年（清雍正七年到道光末年）：約計一百二十年時間中，醴陵瓷產僅是粗瓷，發展緩慢，直至嘉慶年間，始逐漸擴及縣內東北各鄉興辦瓷窯。㈡一八五一～一九四九年（清咸豐、同治、光緒、宣統以迨民國初創、北伐、抗戰勝利、中共稱亂。）將近一百年時間，細瓷從此發軔（一九〇六年）。其間災亂頻仍，如：民國三年（一九一四）的水災浸害；民國七年（一九一八）北洋軍張宗昌的兵災；民國十七年到十八年（一九二八～一九二九）的內亂造致衰落。民國二十九年至三十二年間（一九四〇～一九四三）是細瓷生產的最盛時期。由於抗戰期間，東南糜爛，後方各省需瓷日用甚殷。（憶筆者奉派魯蘇戰區由渝經湘，曾在醴陵稍留，滿街商店均有瓷肆，且皆女性看店照料，男性少壯泰半從軍，時在民國二十九年初夏所親見目睹。）民國三十三年至民國三十四年（一九四四～一九四五）。日寇侵佔醴陵。民國三十六年至三十八年（一九四七～一九四九）由於戰禍的影響，瓷業跟著頹萎。民國四十七年到五十七年間（一九五八～一九七八年）在中共統治下，人禍、天災、瓷產受到嚴重挫折；尤其，民國五十七年到六十三年的中共所謂「文化大革命」與「反右」等運動頻仍左到極點，全民遭殃，瓷產受阻而趨於下降，甚至停滯。直到民國六十七年（一九七八）以後，產銷稍蘇，其間飽嘗辛酸，只能說是中國人民的最大不幸與曠古未有的浩刼所致。

醴陵瓷業，從熊希齡於一九〇六年起，創辦湖南瓷業公司，醴陵瓷業學堂，城郊姜灣爲瓷業中心，瓷產以細代粗，使生產由純手工及於機械，先是由釉下青花器碗爲大宗，飛躍到釉下五彩；種類有圓器的碗、碟、杯、盤；琢器的壜、壺、帽筒、飯匙；模型有人物、飛禽、走獸等工藝美術品；轆轤有杯、缸。誠然，民國六年初即不預聞政事，專辦慈善事業與國際人士合辦華洋義賑會，出任世界紅十字會中華總會會長的熊氏（一八七一～一九三七），其維護地方的貢獻，功不可沒。在輔佐振興醴陵瓷業的文俊鋒、文斐兩氏外，對製瓷技藝深具表現的三人，其㈠繪瓷名師吳壽祺（一九一四～一九八五），醴陵人。畢業醴陵瓷業學堂圖畫速成班，在醴陵，長沙兩地從事釉上釉下陶瓷彩繪工作，并受聘于南京中央陶瓷試驗所畫釉下彩八年。㈡雕刻名師徐協和（一九〇四～一九六六）江西豐城人。工藝製作甚多，著名的有龍舟，綜合雕刻的刻、鏤、捏、塑、鑲等技法，以及捏塑草蟲、双層鏤空雲鶴球等瓷雕作品。㈢繪像名藝人唐漢初（一九一四～一九八五）湘潭人，以釉下彩傳統藝術，成爲瓷業界彩繪名師，先後工作於湘鄂兩省，以瓷版顯像製作是爲特長。上述三位技藝著名人士，晚年均在醴陵陶瓷研究所做過研究和設計工作，并培訓藝徒，有助於醴陵瓷業的發展，値得追懷。

目前醴陵瓷器，有人強調它創造釉下五彩產品，說是繼承「湖南唐代長沙窯獨特的釉下彩基礎上，首創獨具一格釉下五彩名器」的。從出土瓷器驗證，長沙銅官窯於唐代就已燒製釉下彩瓷器，其它地方也有步伍的事實，并非湖南一地獨特僅有。既然，有著時間差異和地理的不同，醴陵產有釉下五彩瓷器，就無過分稀奇，所以，科學的實證與瞻顧各地瓷產，自然不必誇大其辭。

還有，追本窮源，醴陵瓷器確實曾有一段輝煌歷史，那非現在的產銷方式和經營的制度。在清末設立湖南瓷業公司以後，醴陵細瓷生產奠定堅實基礎，因此。在國內的武昌（一九〇九）、南京（一九一〇），國外的意大利（一九一一）巴拿馬（一九一五）參加賽會，俱獲優良獎賞，這種殊榮非在現時，而早在七十六年以前的舊事。以今比昔，形勢互異，變化多端，徒增感慨。

現今，醴陵譽稱第二瓷都。有否牽強附會，抑或過甚其辭，姑不置論。而由於大陸地區政治與經濟體制過於殭化，再加一再的人爲長期破壞，醴陵瓷業備受摧殘，是天經地義不可否認的事實。經過恢復，現很緩慢，發展創新，又是談何容易？醴陵瓷業縱有瓷廠的設立，燒造日用瓷器與陳設陶瓷，甚至有著渌江瓷廠，使電瓷和日用瓷并存。經營方式既擺脫不去計劃經濟的軌跡，森林資源的木柴近於枯竭，名義是「公私合營」，生產質量與銷售市場不易開拓，況且，資本欠缺，職工收入低微，當是發展當中的絆脚石。如何加快技術改進的步伐，採用現代化管理手段，建全和建立各種制度，其重點仍在於經濟自由化，工資合理化，質量科學化，生產機械化，解決現存的資金不足，技術和設備落後管理混亂的一些老問題。筆者相信醴陵瓷業會有著突飛猛進的一天，來造福於全民，庶不失先人創業維艱的締造精神與歷程。

註一：端方（一八六一～一九一一）字午橋，號匋齋，時稱渂陽尚書，姓託河洛，滿州白旗人。光緒二十七年，升湖北巡撫，二十八年，拜湖廣總督。三十年調江蘇，攝兩江總督，尋調湖南。所歷各任，大力興學，資送出洋學生甚多。十二月，擢閩浙總督，未抵任受命赴東西洋各國考察政治，周歷各國，書成上奏，爲中國議改立憲政體之始。宣統三年（一九一一）以督辦粵漢川漢鐵路大臣身分，率兵入川查辦反對鐵路國有風潮，十月七日晨與弟端錦，同時被殺斃命。

磁州民窯製器特色

中國瓷器著名世界，亞洲、歐洲、美洲各國博物館均有收藏，即是非洲的埃及與南非的博物館也不例外。此足以說明中國工藝美術的精緻發展，也象徵著中華文化博大深遠有以致之。

愛瓷人士每一論及，皆以中國瓷器登峰造極的時代，始於宋朝，瓷藝出類拔萃的，主要的有定、汝、官、哥、鈞等名窰。定窰，在黃河以北，是白瓷系統，而其他四窯俱是青瓷系統，北宋官窯在黃河南岸，南宋官窯則在浙江杭州。鈞窯、汝窯亦在黃河南岸，哥窯爲章生一主持，在長江以南的浙江龍泉，生一爲兄，乃有哥窯之稱。

根據譚旦冏先生所著：「宋官窯器與民窯器的分野一文」，認爲宋官窯器多出自民窯，它是「千中選十，百中選一」，因爲不計工本，所以品質自能精良。而且，宋官窯窯址，所謂「宋大觀間，汴京自置窯燒造，名爲官窯」，迄今，在當時北宋京城汴梁的開封及其附近，却都沒有發現「官窯」的窯址和器物。有人認爲「官窯」器，或許就是汝官窯器。南宋修內司官窯，根據發掘所得，在杭州鳳凰山下遺址，曾經發現碎片，惟尚待求證。烏龜山下郊壇舊址附近，也有發現碎片。判斷宋代雖有「

官窯」的傳說，也許僅是貢器的性質，遣官監燒，即是有命則供，無命則止的臨時性制度而已，從唐至元，大概都是如此的。至於鈞窯，譚先生認爲所謂鈞窯，在北宋時候，祇是河南省禹縣，（按：禹縣南方有鈞臺乃夏代所稱，漢置陽翟，即今禹縣）。臨汝即隋置的汝州，和臨汝縣有近鄰的關係，彼此不無影響，燒有一種青釉器，當時還沒有「鈞窯」這個名稱。直到宋徽宗很短時期，鈞窯興起，凌駕汝瓷，以紅紫爲美，易單純色彩，爲五色燦爛，秀麗絕倫，其色彩至多，尤其鈞釉普及全國。汝窯的雨過天青的青器，則被視爲宋瓷的珍品。

北宋官窯，根據日本常石英明的見解，官窯應有廣義與狹義兩種解釋。廣義的是：由官方派遣官員監督地方窯業，使之達到御用器物燒造的要求標準，越州窯、定窯、汝窯、（舊窯）鈞官窯、景德鎭窯俱是如此。狹義的是：帝室設置御用窯，專事御器的燒造，例如：北宋官窯（汝新窯），南宋修內司窯、郊壇窯。

瓷業的興衰，常常會隨著時空而有所變遷。中國在北宋時代的瓷業，就異常發達，且銷售歐亞及南洋諸國，是可以認定的。至於位置在長江以南的景德鎭，由於北宋第三位皇帝眞宗趙恒的景德年間燒造瓷器，書「景德年製」，器物光緻茂美，不僅海內爭效製作，競稱景德鎭瓷器，而其產品確實超越北方諸窯的器物，因此，暢銷海外的貿易瓷以及全國各地的瓷器，均以景德鎭集其大成。

我國歷代瓷器鑑賞家，均以官窯的標準，拿凝重、古雅的品格，來衡量和讚美宋代的瓷器。對於北方與官窯有著距離的磁州窯製品，則視爲粗俗品物，難登大雅之堂，在鑒賞與收藏方面，往往不屑一顧，甚至到達鄙視的程度，相沿成風，幾乎達到積重難返的地步，究其實際並不盡然。

民國七十一年四月二十日至五月三十日，香港求知雅集珍藏的中國古陶瓷一六三件，由國立歷史博物館主辦展示，並編印彩色專集應世。展出有早期陶瓷、唐三彩、唐宋北方窯系，遼金三彩、宋金元磁州窯系及北方黑釉器、宋吉州窯、建窯、宋明青瓷、元明青花、釉裡紅、明單色釉、彩瓷、清青花、釉裡紅、清單色釉、清彩瓷，系統分明，器物精美，當時對陶瓷素具研究人士莫不刮目相看，爲文介紹的頗多。展出的磁州窯系作品十六件，也就風光一時，當時有陳信雄先生等人於報章予以闡述。香港求知雅集會長謝兆邦先生，復於展覽結束後，特代表全體以磁州窯元代枕頭及繪花大罐，捐贈國立歷史博物館入藏，這是繼國立故宮博物院爲慶祝中華民國建國六十年紀念，舉辦「宋元瓷器特別展覽」，在一、一三〇件宋元瓷器展品中，內有磁州窯器九件之後突破獨家持有，形成目前台北擁有磁州窯器的第二個公有場所。加之，美國學辦磁州窯討論會，有各國專家學者論文多篇的發表，英國蘇富比公司在台北擧辦的瓷器拍賣展中，亦曾有磁州窯器的出現，於是磁州窯器逐漸爲國人所注重，認爲係北宋以來民窯系統中北方窯業翹楚。

磁州窯器在中國陶瓷史上，應該給予何種評價？其特色又何在？謹就平素研讀鑑賞所得，略加敍述，藉供喜愛陶瓷人士作爲進一步研究的參考。

磁州即今之河北省南的磁縣，北近邯鄲，南接安陽，西臨太行山脈，縣西的彭城鎮，是窯業極盛的中心。早在隋代業已出產陶瓷，在宋代磁州窯的製品，就已成爲傑作。它有下列的特點：

第一：磁州窯器可稱磁器，却不一定稱做瓷器。基於燒造的原料，是以磁石製泥作坯的，所以磁州窯器，名爲磁器。但往常將「瓷」、「磁」二字相互通用，實際是用字上的一種疏忽，尤以日本混「磁」爲「瓷」不加辨別。事實上，磁州窯是以磁石製泥成坯，燒成的品物稱爲磁器應是無疑問的，而其他各窯燒造的成品，不是磁石原料，該用中國自漢代開始的瓷字以期一致。如此，方足以強調磁州窯的特色所在。

第二：磁州窯器除定窯以外，算是北方的白瓷第二大系，古窯址即在今河北省磁縣彭城鎮。其優良的作品，相與定器類似，裝飾在器上的劃花、凸花、墨花，也是模仿定窯的，只是未留所謂「淚痕」。固然有人稱磁州窯中「白地黑花，尤屬佳品」，白釉純如牛乳，有開片與不開片之分，在其成就這一方面，是「價高于定的」。其實，磁州窯的器物，尙有白地諸花的，黑地白花的，黃地黑花的，也有在黑色花紋上罩上綠釉的，在深綠底子上繪出淺綠色花朵的。此外，還有珍珠地、白色豎立粉條紋的。其富於變化的裝飾方法，有近於繪畫的效果，而且，雕刻兼施，使得器上的花紋愈益明顯，並有立體感。

第三：磁州窯不僅產製白器，更燒造黑器。其所燒造的黑器，成爲北方原有黑釉器之一。定窯有黑定，其他的窯也有如此的黑器，不過磁州窯的黑釉，呈現鐵砂的色彩，其中且多鐵銹花樣。所以磁州窯的黑釉，具有樸素豪健的花紋，是其最大的特點，相與宋代當時的南方建窯和吉州窯的黑釉器物，各有所長，互呈美妙。

第四：磁州窯刻繪瓷器的裝飾手段，是北方各地民窯器作製飾藝術的主流。其作品遍及中國黃河南北各地，遠至陝西省的綏德和楡林也多有發現。如今，流散於英美各國博物館以及日本韓國的，所在皆有。磁州窯器在北方具有它的代表性，歷史悠久，製品豐富。經過近年調查發掘所得，稱爲「磁州窯型」或「磁州窯風」的磁州窯系，捨彭城鎭周邊爲其中心外，尙有河南、陝西、山西等省，均有著與磁州窯同類作品的燒造，而且冀、豫、晉、魯四省的一些鄉鎭都已經發現到既往的窯址。

第五：磁州窯爲北方窯業要地。磁縣彭城鎭固爲磁器燒造中心，鄰近的觀台鎭、冶子村、艾茂口村也是燒造器物的所在。由北宋以來，南有浮梁景德鎭，北有磁縣彭城鎭代表著中國二大窯業的產地。磁縣置窯燒造甕、缶、盆、碗、瓶諸種，而其所製的陶枕，尤爲著名。在北宋仁宗至和三年（一〇五五）製的仍然存在，其餘如大英博物館有北宋神宗熙寧四年（一〇七一）燒造的，另外在日本等地，也有該項造型不一的陶枕收藏。據說陶枕的使用，可保健康，盛唐天下太平，即已盛行。如今若有人使用陶枕靠腦，包教你一夜無眠。國立歷史博物館現藏的磁州陶枕，有銘文「古相張家造」五字，幾與北宋至和三年「張家造」的銘文相同，有人推斷是元代產物，既然北宋至和三年的陶枕，有著「張家造」銘文，若是大膽的上溯，現有的「古相張家造」陶枕提早到二〇〇年以前，似有可能。所謂「古相」，即今之安陽，昔日彰德。唐置相州，金置彰德府，元明仍之，清屬河南省，民國廢府稱縣。磁州古屬彰德府，今稱磁縣則屬河北省，在邯鄲縣南。玄宗開元年間（七三〇）沈旣濟著的「枕中記」，又稱「黃梁夢」傳奇小說，盧生夜眠靠腦的，就是呂翁從囊中取出的磁州陶枕。明代湯顯祖撰的「邯鄲夢」戲曲，也就是「枕中記」加以增飾的。難怪磁州窯器的磁州陶枕，在各國博物館內大享盛名。

第六：磁州窯器曾在國際貿易與文化交流上扮演要角。不僅中國北方四省，磁州窯器影響深遠，而且，其燒造的技法，對於韓國、日本都具有強烈的影響，因此，藝術價値與製作水準，能爲他國所接受模仿與行銷，誠是磁州窯的光輝。假如，磁州窯器沒有傳統的特色，日韓兩國是不會輕易接受，從高麗青瓷與其李朝白瓷的發現着眼，不難尋出其脈絡來。

今日磁縣瓷業，製品以碗類、缸類爲大宗，行銷於河北、山西、山東、河南等省。若與既往的輝煌歷史相較，磁州窯典型的造型，如梅瓶、敞口瓶、深缽、大罐、玉壺春式瓶等的完美來比，自有顯明差異，尤以梅瓶似乎就是磁州窯的別名，他地在宋代也有燒造，總敵不過磁州梅瓶的盛名，因爲它富有濃厚的民間風格，樸素大方，裝飾紋樣黑白分明，具有強烈裝飾效果。難怪從古迄今流傳著：「黃金有價，梅瓶無價」的話。

型色俱佳的陶瓷枕

陶瓷器皿在中國，有日常用品，有祭祀禮器，有擺設裝飾，也有文房玩具。用陶瓷燒製而成爲枕頭的，以現代人的眼光來看，簡直是一件不可思議的事。本來，枕頭一物，有的地方別稱靠腦，顧名思義，以頭枕物。有木製、皮製、布做、竹製、籐製的，現時使用軟質材料作爲枕心的枕頭，是大家公認的。至於，有所謂「曲肱而枕之」、「寢苫枕塊」、「枕戈待旦」，只是一時的權宜之計，睡眠不用枕頭的人，畢竟還是少之又少。詩經陳風澤陂：「寤寐無爲，輾轉伏枕」，說明是在孔子時代以前已有此物。

在二十世紀將近尾聲的今天，若是再用陶瓷燒製的枕頭來靠腦的話，一夜難以安枕，那是當然的，硬硼硼、冷冰冰的滋味，相信誰也受不了，更不必有什麼美夢可尋。事實在歷史上無從抹煞，中國陶瓷枕的存在，依然斑斑可考。

陶枕成爲中國陶瓷器物中一項品種，自七、八世紀的唐代開始燒造，延續到五代、南北兩宋、元代，當然包括北方的遼、金，幾乎在七百年的歲月中，俱有這樣別具一格的器物用世。根據地下物出土的紀錄，早期陶枕從西安郊外獨孤思貞墓中發現，那是紀元後六九八年入葬，即唐代則天后神功一年。在洛陽隋唐時代墓窟中，也曾發現似三彩枕的殘片。長江以南的長沙銅官窯，華北陝西銅川窯，以及、華南潮州筆架山窯，同樣都曾有著陶枕的生產。九世紀的唐代晚期，有著越窯陶枕，那是在浙江寧波唐代城牆遺址中發現，被稱「絞胎化紋虎座枕脈」的。關於獸形枕，唐書卷三十四、五行志中有說：「韋后妹嘗爲豹頭枕以辟邪，白澤枕以辟魅，伏熊枕以宜男，亦服妖也。」唐代虎枕在長沙銅官窯址中也有發現，福建福州也有青黃釉的虎枕出土，因此，唐末於浙江、湖南、福建等地諸窯，已有虎枕的燒造。

中國陶枕在八世紀中期即已傳入日本，依據發現三彩、絞胎陶枕的資料記載，三彩陶枕曾在福岡、京都、奈良、靜岡等地出土。絞胎陶枕也曾在福岡、京都、奈良等地出土。另外，三彩、絞胎混同出土，在奈良亦有發現，地點大都官衙遺址，達官顯要邸宅遺址、祭祀遺址。最近，已經發現景德鎮也有燒造資料。

陶枕作爲實用器物來使用，確實有其可能性，在就寢時作爲安放頭部的支托物。就其用途，稱之頸枕。至於其他作用，可分：一、隨葬用的模型品，二、脈枕，三、腕枕，四、袖枕，俱以陶瓷材料來燒造的，概稱陶枕，也稱瓷枕。

美國大英博物館藏有「家國永安」刻紋的陶枕，銘文有熙寧四年字樣，那是宋神宗時代產物。徽宗崇寧二年的陶枕，由距鹿出土，現存天津博物院。其他、日本白鶴美術館也有一具唐子紋枕，以及臺北國立歷史博物館的「馬上報喜」圖紋的陶枕，皆是河北磁縣的產物，習稱磁州窰的作品。

磁縣緊鄰邯鄲，古稱相州，以彭城鎮爲中心，附近燒陶瓷器的比比皆是，如今，仍是北方窯業的重鎮。唐代玄宗開元年間（七三〇）沈旣濟著「枕中記」，乃有元代「邯鄲道者語黃粱夢」的雜劇。盧生夜眠所枕的，就是呂翁囊中取出的磁州陶枕。及之、明代湯顯祖所撰「邯鄲記」傳奇，也是根據「枕中記」所述故事爲題材而作，爲玉茗堂四夢之一。

香港楊永德氏收藏的中國陶枕，數多質精，以所知現時尚未有人超越，公家收藏的，也沒有超過他的，眞是難得。

如此衆多的陶枕，展示博物館院，堪稱歷代陶瓷中又一寵兒。無論在器形、釉色、裝飾技法、紋樣等，都富有優美的變化，充分顯示著歷史性、藝術性、民族性無上的價值。

從製陶基礎技術，劃分的類別，有著：

一、絞胎枕，二、定窯系統，三、珍珠地劃花枕，四、白地印花板，五、白地刻花板，六、白地畫花板，七、白地黑花板，八、白地鐵彩畫花板，九、白地鐵繪褐彩虎形枕，十、綠、褐釉枕，十一、三彩黑地刻花板，十二、三彩紅釉枕，十三、黑褐釉枕，十四、月白釉枕，十五、青白磁枕。

就上列分類的陶枕，固是年代久遠，產地不一，而其枕面的紋樣，有印花、畫花、刻花的分野。用釉更是有三彩釉、紅褐釉、黑褐釉、月白釉、綠褐釉等等的不同。紋樣繁多，極富裝飾俏麗之美與工藝的巧妙，顯見已臻複雜細緻的絕佳境地。即以陶工在製造的形狀上來說，有方形、長方形、豆形、如意頭形、八面形、輪花形、八角形、松葉形、獅子形、虎形、唐子形，形式各異，具有多姿雜陳的外型。紋樣在花卉方面，有蓮花、牡丹花、花、葉、束蓮、牡丹、寶相華。禽鳥有鳥竹、竹鶴、蓮池水禽。走獸有虎、兔、獅子、麃。更有人物，如：仙童子紋、婦女圖紋、唐子紋，筆觸細緻老練，非常生動。文字詩詞有刻有寫的，刻字有：「長命」、「忍」、「福」，含有吉祥的意味。所書詩詞，不外大自然景象，或是勸人爲善的語句，純用行書信筆寫來，至爲純熟，當是陶工經常爲之，就無生澀支離的筆跡感覺。

陶枕的題辭，如：「掃地爲惜落花牖。愛觀明月漱胡窗。」「八片白雪過嶺七。紅樹隔溪三四花。」「存靜水寒魚不食。滿船空在月明詩」，「己所不欲，勿施於人。」

楊氏陶枕，有銘文的不算多，若是底部有著銘文，在產地與製造年代上，可能有著很多分析比較與判斷識別的方便。就發現的，有「張家造」，「張家枕」。記得國立歷史博物館收藏的磁州陶枕，銘文是「古相張家造」，相州張家造枕，北宋特富盛名，仁宗至和二年（一〇五五）造的陶枕銘文，就如國立歷史博物館的陶枕相似。所謂古相，就是昔時河南彰德府，磁州原隸彰德府。唐置相州，金置彰德府，今稱磁縣的磁州，現屬河北省，在邯鄲縣南。張家想是製燒陶瓷的作坊之一，張家陶枕特富名聲，沿習下來便有「張家造」、「張家枕」，來作爲銷售陶枕的金字招牌。另一銘文「元佑三年製」，元佑是北宋哲宗趙煦的年號（一〇八六—一〇九三），距今已有八九六年。陶枕雖然不再作爲實用，已成爲歷史上的文物，它所具有手工藝的優越性，似不能忽略。

使用陶枕辟邪避魅之說，時至今日無人相信。就是使用永保健康的傳說，也無人樂於試用。以之保存古物，來作一種藝術的欣賞，發洩思古幽情，倒是值得稱頌的高尚情操。

陶枕「古相張家造」

「元代磁州白地鐵繪張家陶枕」國立歷史博物館珍藏，枕底印有「古相張家造」字樣。所謂古相，即今之安陽。由於唐置相州，金置彰德府，元明仍之，淸屬河南省，民國廢府稱縣。由於磁州古屬彰德府，今稱磁縣則屬河北省，在邯鄲縣南，地接太行山滏口陘，縣境以彭城鎭爲中心，還有觀台鎭的冶子村和艾茂口村也都燒造瓷器的。

磁縣窰產瓷器，俗成書「瓷」爲「磁」，實則是因爲磁州窰用的磁土，相沿名之，「瓷」「磁」兩字實際仍有分別的。

我國北方的瓷器，古時磁州好的與定窯相似，是爲白瓷兩大主流。而磁州窰釉無流滴狀態，陶瓷學家美名「淚痕」。磁州窯器是灰色素地白泥施以文樣，成爲最大特徵。

磁州窯系根據發現，不僅在河北省邯鄲與彭城鎭周圍各村鎭，就連河南、山西、山東，也都有磁州窯的同類出品，甚至也曾專爲朝鮮李朝燒造的事實存在。

陶枕在磁州窰的遺品中，證實是其古代主要的出產。如大英博物館所藏北宋熙寧四年（一〇七一）

的獅子型枕，日本美鶴美術館的黑地白寫詩文與繪花八角陶枕等。我國使用陶枕，在盛唐時頗爲流行，世有存品，據說有增進健康實效。玄宗開元年間（七三〇），沈既濟著的「枕中記」，又稱「黃粱夢」傳奇小說，盧生夜眠靠腦之物，呂翁囊中取出的便是磁州陶枕。明湯顯祖撰的「邯鄲夢」戲曲，也就是「枕中記」所述而多所增飾的。

古相張家造枕，北宋很富名氣，仁宗至和二年（一〇五五）的陶枕銘文，已早發現。及之、元代（公元一二七一～一三八六）一隻「青白釉人物建築瓷枕。」是民國七十年（一九八一）在安徽省岳西縣出土的。通高十八公分，造型是出檐殿堂式，雲頭形的殿頂構成枕面，淺刻斜列成行卍字紋樣。而殿堂四周鏤雕圍欄，或是錢紋或是雲紋，精緻美妙異常，殿中塑造人物有十八個之多，這種造型的枕頭，確是稀見之物。

磁州地區有大量的純白泥土製陶原料，也是鐵產要地。此件「古相張家造」的陶枕，墨跡輕快筆簡，型成四方。長四十五公分，寬一八・七公分，高一四・七公分，素釉鐵繪，是當時北方民窰磁器裝飾主流。枕面一俗一僧，策馬奔馳，背景是雲山古剎，寺塔聳立其間，似爲民間故事的「馬上報喜」。兩端牡丹盛開，前後兩側竹枝挺秀，牡丹吐芳，竹葉舒展，寓有平安富貴含意。

陶枕在今天，很少使用，只具玩賞的性質。假如你再來靠著腦勺，相信你一夜難以成眠，更是談不到有美夢可尋了。

明清宜興砂器的傑作

中國陶瓷燒造，歷史悠久，其演進由陶而瓷，先經胚胎而至孕育，再經發展而及原瓷。遠在公元前一五二八年的殷商前期，已有陶瓷的存在，逐漸進入瓷的萌芽，漢及魏、晉、六朝（公元前二〇六——公元五八九）是爲原瓷階段。隋、唐（公元五八四——九〇六）陶瓷并進；五代及兩宋（公元九〇六——一二六〇），乃有純瓷而大放異彩。

因此，由彩陶、黑陶、拍紋陶，演進而綠釉陶，再演化而有甎瓦、黃釉陶及三彩陶，與原瓷的問世。其中陶瓷另一支，則是砂器；然雖陶成，不類瓷器。考證歷代瓷窯，冀、陝、隴、川、豫、皖、贛、湘、浙、閩諸省，所在皆有，獨砂器一項，僅江蘇宜興，廣東陽江，列爲產地，一在長江流域；一在珠江流域，且亦係陶瓷產地。

論者以中國陶瓷燒造，江西景德鎮執全國牛耳，然江蘇宜興縣堪與相埒。相傳春秋時代范蠡已陶，陶朱公即范蠡隱後的別名，如今宜興蜀山附近，有蠡墅地名的，一說是范蠡曾經居此，且有舊廢古窰遺址。但是根據我國窰址的記載，晉朝的宜興均山窯，就有青瓷器皿的製造，惜中間隔絕甚久，直至明代，有宜興人歐子明創建歐窯，燒造一種紫色壺著名，嗣後續有進展，宜興紫砂茶壺的盛名，方始大著於世。復由於金沙寺僧閒靜有致，習近欣賞因而善陶，推衍乃成實用的工藝品。宜興舊稱陽羨，漢代置縣，隋改義興，唐又折義興縣地置陽羨縣，尋乃廢，故城在今宜興縣南。有說，古名荊邑，商代原名荊溪，秦始皇名爲陽羨的；宜興之名始自宋代，位於江蘇南部，在太湖西側，其成爲陶瓷燒造的所在，根源於陶土原料的出產，且得力於水陸交通的利便。尤以紫砂陶器，無釉砂質，更見特殊。

紫砂實爲青泥的一種，含鐵量較高；有名硃砂，荳砂不等，拌合他泥燒成各式各樣的器皿。十七、十八世紀，不僅外銷日本、泰國，抑且行銷及於歐洲。火度約在攝氏九〇〇度至一一〇〇度之間。由於製器形制高雅，變化美妙，光澤柔和，而器上刻劃的文字、繪畫、雕刻三者，表現意趣，因此，往昔東西各國，靡不珍視愛賞。因此，這種不同泥質的陶器，形成我國獨特的傳統工藝品。

宜興明清之際，善陶者衆。有稱「壺家妙手稱三大」，其名最著的時大彬，號少山；根據民國二十四年吳仁敬、辛安潮合著中國陶瓷史，特譽時的製作，「不務妍媚，而樸雅堅栗，妙不可思」。案考：明神宗萬曆丁酉年（公元一五九七）時大彬製的「僧帽壺」，蓋頂像珠，壺周猶如蓮荷花瓣，形似僧帽，壺底陰刻「萬曆丁酉年時大彬製」正楷，蒼勁有力，是爲存世傑作中難得一見的造型，高九・二公分，寬一二・八公分。另一「瓜壺」是萬曆三十七年（公元一六〇九）製，高六・七公分，寬十四公分，刻有「品外居士清賞巳酉重九大彬」字樣，尤見秀雅。萬曆年間陳信卿所製「方形砂壺」，高一〇・八公分，寬一三・六公分，刻有「翠竹軒信卿」五字，陳製諸器，乃模仿時大彬與其高足李仲芳，勻稱文巧。陳子畦崇禎年製「南瓜壺」，「荷葉紫蟹」，維妙維肖，底有陽刻篆體「陳子畦」，其作是仿壺家妙手之一徐友泉，名士衡，時大彬門人，亦爲世所重。或云其子的陳鳴遠，名遠，號鶴峰，亦號壺隱。所製紫棕色一具長方茶壺，高五·一公分，寬一三·三公分，還有其所製蓮蓬水注，白菜水滴，胡桃水滴，筍狀水洗，荷葉洗，木蘭花杯，梅花筆架，桃形蓮藕杯，菱角，栗子，花生，茄子，田螺，籐簍等，均曾鐫款陳鳴遠三字篆體。其他所製紅棕色梅花茗壺，棕胎歲寒三友茶壺，器式如花似果，無論是製作、書寫、繪畫、雕塑，無一不屬上乘的，一刻行草「居三友中占百花上鳴遠」，鈐有小章。一刻「壬午春日鳴遠」正楷，邊有「鶴邨」別號兩篆字，按：石霞道人亦爲鳴遠別名，壬午似爲思宗崇禎十五年，即公元一六四二年。一說清聖祖康熙四十一年，公元一七〇二年，仍待證實。其仿古器作，有灰棕色胎「簋」，淺棕色胎「爵」，「鼎狀水洗」，「雲紋瓶」等。

明末砂壺名人尚有歐正春，惠孟臣等，俱屬一時能手。鐫款「歐正春製」的淺紫棕胎「鴛鴦」，萬曆年間燒造，形紋并美。惠孟臣紅棕色圓形小「茶壺」，其文字是「玉珍之玩孟臣」。另一寬底砂壺，有「元茂」及「雍正二年甲辰惠孟臣」等字樣，足似證明清初仍然活在人間。

清代宜興所造砂器，世稱曼生壺的，是陳曼生製作。曾現一壺，狀似文旦，下寬上窄，刻有「田家屋上山窗依樣曼生銘」行書，另有兩方章，一「阿曼陀室」，一「彭年」，係與楊彭年合作，陳氏是清嘉慶年間金石名家，楊彭年是製壺名手；且與邵大亨齊名。

明清兩代，宜興砂器中外嚮名，以製壺爲最著；環顧海內海外存藏者，名家傑作，日漸其稀，凡對陶瓷史稍具研究興趣者，無不對此極負盛譽之砂器予以重視。以其所製各器，工細形妙，雕鏤精美，堅緻不俗，舉世無匹。國立歷史博物館一樓西側，儲有宜興砂器六件，或因相與衆多瓷器同室陳列，爲歷代名瓷所掩而不彰，其中出於陳子畦手製者，有一瓜形小壺。陳鳴遠製物有三：一是仿古雞尊，穩重耐看，一是毛栗，外殼內實，剖分爲二，粗造纖維的外表，光潔晶瑩的內肉，乍看幾疑眞品。三是柳盤八果，方盤係仿柳枝編造，內盛八種果實，計有瓜子、落花生、菱角、蓮子、胡桃、荔子、紅棗、銀杏，用各色砂泥塑成，絕似原物，乍觀幾難辨其眞僞，其中各種果實，色彩縐紋尤爲神肖，俱達雕塑最高境界。陳覲侯作的蓮花文盤，朱泥所製，邊深成圓，外沿浮刻朵朵蓮瓣，造器佳美，技術精巧。清人所製描金紫砂茶壺，成圓筒狀，色澤雅麗，允稱上品，惜佚其名。（另有一澄泥筆舔，併展在此，是爲山西汾水沉澱砂泥所製，卻爲世間少見之物，亦至名貴，特附帶一提，藉供讀者參考）。

其中陳子畦製的瓜形小壺，刻有名章鈐印，爲王化民女士所贈，亦爲其亡夫撫洲先生藏物之一。丹砂流霞，光潤精巧，南瓜其形，蒂蓋、葉流、蔓把，小巧玲瓏、美妙絕倫，足爲紫砂茶壺的妙品之一，筆者曾在北平南京，得見時大彬大型紫砂壺，以及稀見的塗釉小壺。

砂器成品，捨實用外兼具傳統藝術風格，物少而益增貴重；江蘇宜興所製，成爲此中翹楚，古雅大方，純厚自然，且具詩情畫意。筆者原有一具佛手紫砂茶壺，遺留滬上未能携出，誠爲憾事。今悉臺灣有將石門水庫泥沙塑製壺杯等器物，且從技術與藝術二方面不斷改進，續與江蘇宜興，廣東陽江砂器既往輝煌成就而加以發揚，事在人爲，人定勝天，又有何不可？

石灣陶藝新風格

一、石灣陶的崛起

中國陶瓷藝術的發展，遠從五千年前的彩陶製作，進而有黑陶，再有灰陶，以至灰釉陶，這些都足以說明中國文化演進的軌跡。今所留存的史前時期先民手工藝術品，陶的文化其製作是由黃河流域次第向南傳播的，並歷經夏、殷、周、春秋、戰國、秦、漢、三國。至於瓷的產生，有以漢代發現「瓷」字，更有綠釉陶的存世，認爲漢已有瓷，更有上推戰國的。陶瓷的眞正分野，是從青瓷的產生，不是從黃河中流南下，而創始長江南岸地帶。如：六朝時代的越州餘姚窯、德清窯、九嚴窯。唐代越州德清窯、九嚴窯、洪州窯、吉州窯、岳州窯、鼎州窯、五代十國的越州餘姚窯、柴窯、龍泉窯、東陽象塘窯、其產製青瓷的窯址，不僅在浙江省境，就連江西、湖南、河南、陝西等省俱有。北宋的景德鎭窯，亦有青瓷的燒造，一直到南宋、元代、明代、清代、民國迄未中止。由此，中國青瓷的歷史悠久，不僅是說明了中國由陶器進到瓷器的過程，而且青瓷在瓷器當中，是有著先驅的地位。

中國文化的流程，肇始於黃河流域，推及長江流域，然後達到珠江流域，此種自然形勢，從中國陶瓷器物窯址上去探討，會予吾人一種信實可靠的證明。例如：宋代名窯，從河北、山西、山東、河南、陝西、安徽、湖北、浙江、江西、貴州、福建，直到廣東。陶瓷在中國自唐以來，就非常的發達，最著名產製青瓷的五大名窯：汝、鈞、定、官、哥，只是一種代表的說法。其實，時間的變遷，陶工的流徙，多少少給予瓷器燒製的興衰，帶來很大的影響。根據歷史的記載，宋室南遷，原居中國北方的定窯陶工，不甘金人的蹂躪，一部分也避難到景德鎭，使得白瓷的燒造，獲致輝煌的成就；而在清代咸、同年間，由於太平天國禍亂達十餘年，景德鎭焚掠破壞殆盡，許多具有高超技術的陶工，被迫南遷謀生，位於廣東佛山鎭的南海窯系的石灣陶器，因此、獲致較前充實的製作技巧，產業蓬勃，使得廣鈞和百圾碎等器，愈益受到愛好陶瓷器物人士的重視而珍藏。

在論及石灣陶器風格，首從地理觀點，略談其所處的位置，似乎有其必要的。

中國昔有四大鎭：河南省的朱仙鎭，湖北省的漢口鎭，江西省的景德鎭，廣東省的佛山鎭。清代嘗置佛山廳，位於南海縣境的西邊。民國以南海縣治在廣州市，乃移遷於佛山鎭，地居珠江三角洲上，工商業皆頗發達，縣境陶瓷燒造至爲興隆，南海窯乃爲陶瓷學家所公認，它與中山窯、西村窯、潮州窯、合浦窯、東興窯，同被列名爲廣東省境的主要窯址。

南海縣境的石灣，在縣治佛山的西南，有公路暢通，且有西江水道接連珠江，交通利便，助長窯業的興起。而廣東省境名叫石灣的，尚有東莞縣的石灣，陽江縣也有一個石灣，只不過一個是在南海縣的西南，水陸交通均甚便捷，且都生產陶器。可是，南海縣的石灣，在燒造陶器上與其它二個石灣有所不同，因此，在概念上不能混淆。

根據石灣蓮子岡陶師廟中的禁沙碑文，它是建於清代嘉慶年間。其中論及：「聞石灣之陶始於明之中葉」。再就梁照葵陶器考說，暨明萬曆間「李尚書待問奉命往潮州貢瓷，順道返佛山，見石灣地方可以建窯，並能容納工人，即行建築」。如果即以此判斷石灣陶業的開始，當是在明代萬曆年間。竹園陶說，在廣窯條中談到石灣：「陶器上釉者，明時曾出良工，仿製宋鈞紅藍窯變各色，而以藍釉中映露紫彩者爲最穠麗。粵人呼爲翠毛藍，以其色甚似翠羽也。窯變及玫瑰紫，色亦好；石榴紅，色次之，今世上流傳廣窯之艷異者，即此類之物也」。工藝的發展，非一蹴即就的，它必需經過一段較長時間的切磋，石灣陶器在明代即以製作鈞式及窯變爲主要特色，且在萬曆年間，中國陶瓷大放異彩的時期，石灣陶瓷精進，有其必然。若以正德二年霍謂厓家訓有言：「石灣陶冶，可以便民同利」，「酒瓶、茶瓶、酒盞、茶盞、盌及碟，俱用石灣瓦器」，「不許用饒州瓷器」。可見那時的石灣陶器，自不如景德鎮的產製，霍家爲示儉樸，寧可使用較粗糙的，而不與一般廣東達官富足人家雷同，指出只知愛用景德鎮瓷器，遂有不許助長用景德鎮的瓷器家訓。

二、影響石灣陶的窯藝

佛山鎮石灣村，有說宋始燒造青瓷，及明代改燒仿鈞釉的瓷器。而自明及清，石灣陶器都以仿製北方鈞窯著名，世稱「廣鈞」。外國學者有稱「佛山鈞」、「軟鈞」的。日本人乃就陶土作爲胎骨的觀點，稱爲「泥鈞」、「沙鈞」。更有些日本陶瓷學家，將這些低火度的釉器，也就是「施釉陶器」，列入交趾燒的範圍之中。

陶雅說：「廣窯也，宜鈞也，今所盛行者，朱明之器也」。更可以說明，石灣陶器不僅仿製鈞窯，也有就江蘇宜興蜀山窯的製品加以仿製的，所以，明代石灣製品有：花瓶、盆盌及文房用具釉色仿古，茶壺、酒瓶製作優美，每在器物上銘刻讚美茶或酒的辭句。它所製作的茶壺，可與宜興茶壺媲美。

我們知道，江蘇太湖畔的宜興，在明代初期，就有蜀山與鼎山二地窯業，以朱泥製作茶器著名。其始於元代金沙寺僧手造茶碗、茶壺等小型茶器。且鼎山窯業，仿製鈞窯器物，乃有「宜鈞」之盛名，更因此，復有石灣「廣鈞」的陶器出現。其實，宜興窯業興於元明時期尤早。

宜興茶器，并有地方名士於素胎雕刻詩句、書畫，益增風雅、銘記作者名姓，如明代時大彬、清代陳鳴遠等所作，其評價之高，爲世公認。難怪石灣製作的茶壺，以宜興的產品，作爲爭取一致標準的鵠的。

又就廣東通志卷九十七輿地略十五所說：「石灣去佛山二十餘里，所製陶器，似古之「廠官窯」，郡人有「石灣瓦，甲天下」之諺。形制古樸，有百圾碎等。茲稍作引申，藉明究竟。

宋代雖有官窯的傳說，制度不得其詳。眞正設廠製器的官窯，是在明代洪武以後，江西景德鎮，有經常性正式的御廠和御窯。御廠即是御器廠，專管御器的，而御窯稱「廠官窯」，專燒御器設置的，與宋、元兩代由官監民燒的官窯制度有所相同，廠中工匠，都是召募編役，且其生產是重質而不重量的。

所謂百圾碎，據記載：哥窯的特徵，是有紋片，且有大小之分，俗說即是大小開片，亦稱文武片。由於紋片交錯，形成細眼似的，術語稱之「魚子紋」。若是形成彷彿重疊的冰裂樣的紋片，就是百圾碎。（不僅龍泉章生一所主之窯，器皆淺白斷紋，號百圾碎，由浙江杭州南宋時代郊壇下官窯所獲碎片，亦有冰碎可觀。石灣仿製南宋龍泉青瓷，曾從古窯址發掘得到佐證；產品精美遂爲各窯擴大仿製，自有其必然性。）

石灣陶器在淸代復受德化與景德鎭的影響，更有佛像雕塑、三彩、五彩等製作。尤以雕塑至爲突出，且陶工善於運用材料性能，技巧熟練，塑造的人物和動物，注意到各種不同形象與特徵，漸爲海內海外所樂見的珍品。

既然，石灣陶器曾經受到德化與景德鎭的影響，吾人勢必先對德化與景德鎭的窯業發展有所論列，俾能據以作爲研討石灣陶器製作情況的參考。

在台灣海峽對面的福建省德化縣，境內諸窯，稱做德化窯。明淸兩代，就以燒造白瓷器著名於國內與日韓等國。當時製瓷名家有何朝宗、張壽山、林朝景等，都以塑造佛像著稱。其觀音像的製作，造型美艷，溫如白玉。雖創始時代尚有欠明確，不過宋元即有其出品。根據景德鎭陶錄說：「德化窯，本泉州德化縣德化，今屬永春州」。盌、盤亦多敞口，稱白瓷，頗滋潤，但體極厚，間有薄者，惟佛像殊佳。佛像品種方面，有如來、彌陀、觀音、菩提、達摩等塑像，造型生動，國外人士讚譽爲「東方藝術」之珍。德化窯燒造的佛像，本著現實生活而世俗化，受到人們欣賞購以陳列，另幷有實用雜器、文房用具。所製觀音、羅漢、獅子等工藝美術作品，其白仿於定窯，若與景德鎭相較，在技術上，光澤與薄度，稍有差別。德化佛像塑造燒製，相與於石灣陶器自有激盪作用。

中國陶器既是由中原而發展到四方的。而元明以來，瓷業中心轉到江西景德鎭，瓷器則爲景德鎭所獨攬。根據浮梁縣志記載：「新平瓷場，創於漢代」。南北朝時代，陳後主至德元年，有設昌南鎭造陶礎，供用於建康大建宮室，更有：「唐武德中，鎭民陶玉者，載瓷入關中，稱爲假玉器，具貢於朝」，直至宋景德年間，由於燒瓷，這一浮梁縣西南二十里地方，乃由名謂新平、昌南，成爲景德鎭，爲我國第一產瓷區，歷今未衰。

景德鎭製瓷原料，咸以明砂高嶺和祁門瓷石爲主，其製器分工精細，細的分工七十二道，粗的六十四道，製作劃分，琢器有罐、罍、尊、彝，形狀包括方、圓、扁、折、大、小、厚、薄不同，甚至雕刻，由於修坯工重，產量較少，是屬於陳設的瓷器。圓器的製作，陶冶圖說其五：「圓器之造，每一款式，動輒千百」，既可以大批製作，是屬於日用瓷器。因此、仿古、文房、陳設三類，歸類於琢器；盌、盤等日用器具，則屬於圓器一類。綜上所觀，景德鎭的窯業鼎盛，器製浩繁，居於廣東省境的石灣，其燒造技術諸端，自必與景德鎭息息相關，受到影響，也是一種自然的趨勢。

三、石灣陶的風格及其製作

石灣陶器源於廣窯，宋時已有燒造，明代南海佛山鎭，胎骨使用烏泥，所仿鈞窯的藍瓷器，由於器作精巧，爲士大夫所賞玩，成爲繁盛時期。清代海禁大開，海外貿易較前尤盛，有模仿絢彩華麗洋瓷，行銷歐美。更有由景德鎭製作，運來重加繪畫銷售的，憶於民國六十七年，美國華李大學有大批中國製作的貿易瓷運來我國，由國立歷史博物館國家畫廊展出，引起國內外愛瓷人士對中國貿易瓷多彩多姿的製作種類，發生極大的研究興趣，這批工細精美的貿易瓷，有是南海窯系的成品。另譚旦冏先生所著：陶瓷彙錄一書：「菲律賓出土的中國瓷器篇」裏，曾約略提到，菲島出土的中國瓷器數量很多，種類很少，認爲大部分是產自華南的浙江、福建、廣東三省，且都係日用器皿的盤碗爲多，惟明代廣窯燒造的廣鈞和百圾碎等器，却很少發現。於此，得窺國內各窯燒造品種不一，對外貿易的外商需要也不盡一致。

自明至清，廣東燒造陶瓷的有石灣窯、欽州窯、潮州窯。迄至民國，石灣產瓷且有仿照德國製法，製有洋式盤與花瓶等類，運往香港等處，產額甚多。

石灣陶器製作種類有：人物、掛壁、花瓶、動物、植物、花盆等，間用低火及中火釉以省燃料，雖有全瓷出品，爲量無多，其自成格調，亦可媲美江西景德鎭、湖南醴陵的製品。而石灣陶器最具藝術價值的，無寧以其仙佛、人物、動物、鳥蟲作爲代表，而其受到重視的程度與日俱增。當然，明代的作品求之不易，清代的也爲世人所珍惜。其初僅售予海外華僑用作鄉土之思，漸漸亦受國際人士的喜愛。茲僅就管見所及，將廣東南海窯系石灣陶瓷藝術的發展成就稍作剖析，俾供研究陶瓷史的人士，對其製作與風格再作進一步探討，期能更進一步的弘揚，也希望石灣陶瓷藝術既有成就，發揚光大而不墮，使之成為我國陶塑藝術別具一格風采，日新又新，永遠在陶瓷業方面光輝無限，更希望國內從事雕塑藝術人士，也能夠注意及之。

香港大學陶藝學教授何秉聰先生，認為對石灣陶藝過去未能受到重視，因此，「名不出於省外，器不重於皇宮」，實在是感慨良深。根據何先生個人卅年來所聞所見，以及習作所得，他對香港藝術館展出舊石灣陶器，曾有兩句精闢的論斷：「斯藝具純樸之美，盡舒情之能」，乃著成石灣陶藝一書。對於關心石灣陶藝與具有研究興趣的人，它是深具參考價值的著作。

石灣所用坯土，由東莞白土、石灣紅土、瓷土、山砂四種土質混合。有用胎骨製陶，不須施釉，在舊石灣陶器中，胎骨比施釉的昂貴，購買石灣仙佛、人物的，先驗頭手，後評衣褶，因此，石灣陶工無不刻意於顯示肌肉紅土的配製，其目的在於表露陶塑手工的精細，與坯土色澤的美麗，以及具有細膩的觸感，所以，胎骨在石灣陶塑製品裏，佔有重要的條件。

操作過程，由配土、煉土、塑造、乾坯、入窯、素燒、出窯、經施釉、入窯、釉燒、出窯、成陶。在塑造人物、鳥獸、花果、器物等，是將陶土搓揉至適於塑造的時候，即可塑成各種陶型，大致分成手塑、印模及半印模、半手造三類，幷非純用手塑的。惟手塑人物的製坯，最著重於人身，其高度以頭為準，經常中國人身的高度，按著頭部七又二分之一的長度做比例。中國人物畫家為著誇大面部，常將人頭與全身的對比，固定跌三、坐五、行七。而塑造人物的石灣前輩陶工陳渭巖有他獨到之處，塑男子的用六點八頭高，女人用六點五頭高。人的肥、瘦、高、矮不盡相同，若以中國傳統人物表現手法加以觀察，頗稱恰當。

四、常見石灣陶造型舉隅

人生百態與常見動植物，在塑造自然的石灣陶器中均可成爲作品。此外，亦喜以稗官、釋道、鬼神，以及戲文所演，官場現象，閒情幻想等，予以揑塑誇張，極見民間藝術的天眞拙樸。表現於人物類的，固有單人，亦有兩人以上同屬一個故事的，更有同以一人分製大小神情不一的。八仙陶塑，爲習見作品，實亦人生百態縮影。以八仙作爲題材的如：一、八仙個別陶塑，包括過海、鬧東海、奕棋、賀壽，還有八仙搭配其他人物如：呂洞賓配柳樹精，藍采和騎鶴升天，二仙唱和，漢鍾離消夏，國舅醉歌，鐵拐酣眠，果老倒騎驢等，由石灣陶工的藝術手法，從幻想中創造各態具備的仙佛人物，供人清玩。另如：漁、樵、耕、讀、仕、農、工、商、詩、酒、琴、棋、四大金剛、四大美人、商山四皓、十八羅漢等均有塑造。

此外，亦有自民間傳說、歷史故事，或古典小說中汲取靈感的，如：二十四孝的朱壽昌棄官尋母，唐夫人登堂乳姑，董永賣身葬父，大舜孝感動天，惟難見全套；和合二仙、牛郎織女、張敞畫眉、酒樓戲鳳、桃花女與周公鬥法、鍾馗捉鬼、水浸金山、斷橋初會、解棋柯爛、覇王別姬、司馬挑琴、文君貰酒等，也是習見製作。

取材自三國演義的有：桃園結義、關公夜看春秋、關聖帝君像、關公立像、關公坐像、千里送嫂、單刀會魯肅、騎馬關公、開臉張飛、武裝張飛、怒鞭督郵、義釋嚴顏、諸葛亮、孟德獻刀、馬超追曹、趙雲單騎救主等。

取材自水滸傳的有：武松打虎、武松殺嫂、時遷盜甲、時遷偷雞、李逵、魯智深、林冲等。

取材自西遊記的有：取經五聖與孫行者個別造型，觀音各像、彌勒、釋迦、地藏王、太上老君、土地、二郎神、魏徵、牛魔王與鐵扇公主、劉全進瓜、雷公等。

取材自封神榜的人物有：姜太公、南極仙翁、文王推轂、慈航道人、普賢眞人、趙公明、楊任等。

取材自東周列國演義的有：孔子像、臥薪嘗膽、苧蘿訪艷、負荊請罪、完璧歸趙等。

其他小說故事中人物爲：晴雯補裘、程咬金、張君瑞與崔鶯鶯。

常見單人像作品，爲菩提達摩的隻履歸西、一葦渡江、九年面壁、樹頭達摩，十八羅漢等，更有濟顚和尚、六祖像、劉海仙、招財童子、壽星公、蘇武牧羊、負子鍾馗、四雅好的淵明愛菊、茂叔愛蓮、東坡觀硯、米顚拜石、痲姑進爵、嫦娥奔月、方朔偷桃、壺公賣藥、木蘭從軍、精忠報國、包公、嬰戲、盲人打架、五鬼戲鍾馗、子陵裘釣、羅成寫書、小孩玩具的狀元騎鼉、狀元跨鯉等。

其它有所謂「雜公」的，乃習常可得見之人物如：拍蚊、抽水煙、挖耳、砍柴、觀書、看劍、消憂、攜琴、乞食、騎牛、清官、和尚、道士、耶穌、裸女像等。

以人物著名的石灣陶器藝術創作，其鳥獸有胎骨與掛釉兩種，特重精細與神態。蟲魚多爲燒釉，取其色彩斑爛奪目。鳥獸常見的造形有：鴨、猫、牛、馬、獅、象、虎、猴、雞、鵝、鵪、鶉、鸚鵡、鷹、猫頭鷹、鴿、鶴，以及神話性的龍、鰲魚、金猊、瑞獅、瑞熊、太師、少師、鳳、麒麟等。

蟲魚之作，類多小件，爲得利、漁人得利、魚水同歡、龜等。

「廣東石灣陶器」一書，張維持先生手著；「石灣陶業考」乃李景康先生所作，論及七百年來石灣陶器，在作風上質樸有餘，文彩不足。陶工塑造人物、鳥獸、蟲魚，分工多，專材易得，全材難求。明清名工，隱而不彰。塑造人物、鳥獸、蟲魚精妙的，如清嘉慶年間黃炳，光緒年間的陳渭巖，陶塑無所不能，尤工仙佛。其他如：黃古珍、劉佐朝、黎道生、黎猶、黎森、潘鐵逵、梁百川、劉壽康、陳富、廖榮、霍津、溫頌齡等人。

五、結語

筆者曾在臺南，得見國立中央圖書館台灣分舘展示的石灣陶塑人物，其中有：姜太公像，面露微笑，具有怡然自得神態。左手持竿，右手撚鬚，旁置魚簍。羅漢坐像，僧衣敷綠色釉，面、胸、手、各施以棕褐色薄釉，其神情似乎對所讀經文，有一種了悟的喜悅。藍釉人像，頭部髮鬚染成黑色，面及胸施以棕褐色釉，眼部塗白，拌點黑珠。白釉人像，態度恭謹，兩手作拱揖狀，顯現著老人安詳緩慢姿態。四像的造型不一，神態表情極爲自然，與目前坊間陳列的粗糙作品，大異其趣，據聞俱係清代製品。惟出於何人之手，惜已無從考據，且無隻字題記堪資佐證。

國立歷史博物舘之陶瓷展覽室陳列著歷代名貴瓷器，近復將華僑霍宗傑先生捐贈的家藏明清石灣陶器併同陳列，使之躋於中國名窯製器於一室，固爲霍先生之榮，亦爲石灣人物陶塑之光。

石灣陶塑作品，具有中國傳統繪畫的立體表現，而最顯著的成就，在於崇尚自然、不作矯飾。霍先生捐贈的，以仙佛、人物、鳥蟲、走獸爲主，將近五十件。其中有明代的鍾馗塑像，清代的布袋和尙、太白醉酒、東坡展讀、呂洞賓、鐵拐李等造像，釉色均勻，做工精細，人物造型各異其趣，表現性格、感情和特徵、姿勢靈活，看來栩栩如生，極具神韻。而經考證由清代石灣名工黃古珍製作的寶鴨食鼎，更是塑造別緻，趣味盎然，充分表現出廣東南海窯系石灣陶塑藝術，富有別樹一幟的風格。因此，筆者由於愛好，特別欣賞陶塑的藝術風格。藏有樵夫、老師授徒、雌雄雙雞、母子雞群等件、暇時觀賞，特具情趣。

參考資料：

一、石灣陶藝　何秉聰先生著。

二、陶瓷彙錄　譚旦冏先生著。

三、中國陶瓷　譚旦冏先生著。

四、中國陶瓷史　吳仁敬、辛安潮著。

五、中國陶瓷之鑑定與鑑賞　日本常石英明著。

六、中國陶瓷　楊永善、楊靜榮著。

乾隆官窯瓷的獨步

中國瓷器在歐洲王室作爲藝術品，固在十六世紀開端，而清代乾隆官窯瓷器的風格雅麗，精美細巧達到極致，更非偶然，這是一種繼往開來的具體表徵。

宋代集前朝大成，具有特殊的異彩，是爲中國瓷器興盛時期。元瓷承繼宋代諸窯製造，以景德鎭的樞府窯最佳，創造五彩戧金及蒙古色彩的器皿，亦有特色。明代瓷器，實可謂最繁盛的時期，到永樂年間，受著波斯、阿剌伯藝術東漸的影響，相與中國原有藝術的融合，在瓷業上發生異樣的精彩，造致宣德青花、成化五彩而益精巧。

清代瓷器，亦以景德鎭爲其中心。世祖順治（福臨）始於甲申紀年，在位十八年（一六四四－一六六一），雖曾改明朝御器廠爲御窯廠，爲時短暫，致順治瓷器，名不顯著。康熙（玄燁一六六二－一七二二）是乾隆的祖父，在位六十一年，不僅將景德鎭的御窯完全恢復，且足媲美明代的瓷器繁盛，因此，論及清瓷，當以康熙開始。雍正（胤禎一七二二－一七三五）是乾隆的父親，在位只有十三年，宣布四民平等，原居於賤民的陶工，一躍而爲工藝家，加之士大夫的參與，瓷業頗有進展。

所謂官窯，就是御窯，基於官設的燒窯，專門製造御用的瓷器，而乾隆（弘曆、一七三六—一七九五）的瓷器，既保留古代精華，一本傳統，不斷吸收東西洋的藝術造詣，在創造上，特具新意，乾隆六十年來的官窯，集康熙諸朝的大成，仿古採今，盤、盌、鍾、碟、瓶、罍、尊彝等器，俱稱佳品。製作的造型及紋飾，先經內廷審定，經督理官的嚴格監督中燒造，其瓷產製概分宮廷日用品、祭祀禮品，案頭擺設，賞賜玩物等類。

乾隆官窯瓷器在歷史文物的藝術價值上，登峰造極，絕非偶然，綜合約有下列的因素有以致之：

第一：督理得人：雍正御窯廠的督理官，根據風火神廟碑記。雍正五年（一七二七），年希堯以督理江蘇淮安縣板閘關來任其事的。更有唐英先後協理主持，當在乾隆時，爲內務府的員外郎身分，奉派景德鎮，督導官窯器，乃有乾隆窯又名「唐窰」一說。選料奉造的瓷器，資質精雅，釉色秀美，直到中葉，由其副手劉伴阮繼任，本其既有經驗，肆其智力，督造精品。

第二：創新繪畫：義大利人郎世寧 Joseph Casliihoni，畫合中西畫法，尤善寫生，人物花鳥，奕奕有神，居住中國，供奉內廷。加之，有十全老人之譽的乾隆，愛好文學美術，喜歡收藏，兼有東西繪畫長才的郎世寧，其畫風極爲風靡，其時洋瓷漸形廣泛，瓷上繪有聖母像等，非我國所習見，基於二者的激盪，仿用洋彩，規模西法，滿足人們新奇的慾望。因此，乾隆瓷上的繪畫，有洋彩畫、寫生、仿古、錦段。花卉畫法本常州派畫家惲壽平遺韻，就蔣廷錫（南沙）、鄒一桂（小山）二家，筆墨秀雅，重粉淡彩，窮姸極巧，婀娜如生。人物工緻，擧魏晉以來暨唐人小說及西廂水滸故事，取以入畫。又所仿洋畫，碧瞳卷髮的西洋男女，精妙無比，且有劇裝、小兒遊戲等，採用寫照法，活躍傳神，畫筆工細，五色俱全。

第三：色彩變化：由於康雍兩朝確立陶藝技術的延伸，使造瓷精巧無比、督造景德鎮燒製御器的人，有過不少幹才，其中唐英是最爲著名的人物，由雍正六年到乾隆十四年（一七二八——一七四九）形成有清一代的空前絕後，尤是彩瓷的黃金時代。陶瓷大量的輸出，促進與西歐貿易的繁榮昌盛，外國對於中國擺設的狂喜，熱中於蒐藏盤、碟、盌、盞等瓷器的風氣，究其根源，雖是模擬和善於倣造傳統型式，但也著重繼續實驗，結果是花飾與色彩配合，正和當時器身形式變化一樣，時常求新奇而富想像力，錦地亦作有規則的繪製，錯彩鍍金，或滿畫花朵，其形不一，稱做萬花，極華腴富麗的美麗。

第四：精益求精：乾隆瓷器所以爲後世所重，在於承先不斷的發展，及之嘉慶，僅能存其典型，無有奮發進取的朝氣。終其乾隆一朝，瓷器重模仿前古與景德鎮外各省名窯製品，且有仿製東西洋瓷。甚至，注意於玉、石、竹、木、魚、貝、鳥、獸、玳瑁、花、草等的模仿，無不使其酷似，精美絕倫。

乾隆瓷中尚有二個特色，一即所謂「古月軒」，蓋當時乃就宮中軒名，竟以該項瓷器於工緻中，饒有秀韻逸氣，世人視爲貴重的尤物。實際內府堂名瓷款，尚有靜鏡堂、養和堂、敬慎堂、彩華堂、彩秀堂。唯獨古月軒瓷款爲世所重，在於特別燒造的粉彩瓷器，皇帝用於賞賜皇族與重臣的官窯器。當時選用景德鎮的瓷胎入京，以一流的陶工，一流的畫工，繪於宮中，再開爐烘花，古月軒器印文有

「金成」、「旭映」，皆爲供奉內庭的畫工，所製不多，乃有仿品。因此，琺瑯彩瓷的古月軒名器，成爲乾隆皇帝特製的秘器。原爲御用器物，在咸豐十年（一八六〇），英法聯軍掠奪復作焚毀圓明園的橫行，自有部分流出，加之賞賜皇族、重臣的，使得這種中國歷代最高品質的瓷器，質地半透明的花瓶、碗、盤等小器大物，捨國立故宮博物院珍藏外，於清室覆滅後，四散於國內海外收藏者手中，是自然之事。

乾隆款識，小異雍正。有字的或六字雙圈、六字單圈，六字無邊闌的。也有四字方邊，雙線正方形，凹雕，地與字疏掛一色釉，白地藍字、綠地紅字；綠地黑字，楷書、篆書、歐王體、宋槧體、宋體書、圖書款、沙底不掛釉凹雕，滿清文、回回文、喇嘛文、西洋文、且有印文、團花，完全無字各體。古月軒作品有「古月軒」三字銘，製作年款有「乾隆年製」四字，成二字二行書的四角形。仿明成化製品，款識篆書「大清乾隆仿古」六字，更有乾隆御製題詩，帶給後世在品鑑識別上無窮便利。

位於臺北的國家畫廊展出器物，來自美、日、香港等地的，也有國內私人珍藏。乾隆官窯瓷器，由香港求知雅集會長謝兆邦發動。康雍乾三朝精瓷，爲張添根、陳昌蔚、郭良蕙、胡桐青、張建安、蔡一鳴、楊俊雄、梁萬星提供。中國古代陶瓷，爲李成發個人珍藏。中國古代茶具，以明清宜興壺具爲主，乃國立中央圖書館臺北分館、中華民國茶藝協會暨高雄、彰化、臺北等地收藏家贊助。

中國陶瓷，從神農伏羲使成素陶，原瓷漢始。唐宋大盛，渾樸古雅。明季宣德、成化，尤爲突出。清代精巧華麗，美妙絕倫，乾隆一朝，盛茂造極，益見中華文化結晶的陶瓷超群拔萃。（民國七十三

年一月）

註：清朝習稱窯名而來。

景德鎮的御器廠，在明清兩朝俱有專名，明朝慣以朝代年號稱窯，如宣德窯、成化窯等等。清朝則習以督窯官的姓氏稱窯，如臧窯、郎窯、年窯、唐窯等。茲略加說明：

臧窯：是指康熙十九年至二十七年的時期官窯、工部虞衡司郎中臧應選在景德鎮駐廠督造。郎窯是指康熙四十四年至五十一年間的官窯，由江西巡撫郎廷極主持。年窯是指雍正四年至乾隆元年間的官窯，由督理淮安板閘關稅務的年希堯兼管。而唐窯是指乾隆二年至十九年的官窰，由唐英督理，以他是督陶官中最具陶瓷發展與積極貢獻。唐英（一六八二～一七五六）字俊公，號蝸居老人，東北瀋陽人，隸漢軍正白旗，四十七歲奉使御廠佐理陶務，充駐廠協理官，幾達二十餘年。他具備藝術修養，工詩文，善書畫，著有「陶冶圖說」、「陶人心語」、「陶成記事」，抒發對陶瓷的眞摯情感，和綜合歷代陶瓷工藝的成就，成了研究陶瓷史的重要參考資料。

精巧奇特兩水注

琴棋書畫，是昔時讀書人不可缺少的遣興雅事。談到書畫，紙墨筆硯固為其使用的工具，實際配合的文房巧玩，眞是不勝枚舉。

得有機緣在一項舉辦的中華民俗文物展覽中，看到很多今人從未見過的器皿，引起觀衆的驚異，甚或發出會心的微笑。在展場的一個角落裏，玻璃櫃廚中放置有幾把「夜瀦」，有陶，有瓷，精粗雅俗不一，雖然我國各地對它名稱不一，作為溺器的使用，相信是地不分南北東西，只要是男性的話，既往都有一用的機會。據說，也曾經有人用此新器作為燉肉的一種特殊鍋子，肉爛味香，具有特殊的風味；假如眞有其事的話，恰似抗戰期間，將虜自日寇的鋼盔，用來盛水煮飯的一般，確有異曲同工之妙。

溺器的「夜瀦」，精美絕倫的，現時已是鳳毛麟角，不可多見的民俗文物，與之同櫃併列的兩隻袖珍型瓷質「夜瀦」，却引起諸多的猜想。從其外型來看，似與「夜瀦」無異，有嘴，有把，有腹，但是形似而實異，其精細、小巧，的確不是泛泛之物。這種小品的工藝品，瓷質特優，白釉外圈是塗以紅釉，繪以金色紋飾，白釉上繪著多彩的人物、仕女，一是郊外景色，一是深閨綉房，底部還繪着秘戲趣圖，據考據：這一對小東西，是乾隆時代製造的。由於巧妙工精，體積極小，諒是一種文房巧玩的水注，也是讀書人生活情趣寄託的所在，內中飽含着許許多多的幽默成分。

繪畫寫字，過去都是需要用硯磨墨的，當然離不開滴水研磨，所以「水注」就成了文房用具中的器皿之一，它的名稱，有稱「水注」，「水滴」，「水盂」，「硯滴」，「書滴」的，但其狀貌是形形色色的，有人像，動物，蔬菜等不一而足，質料以瓷較多。目前我手邊保存的水注，有「牧童騎牛」，是白瓷的，有十二角扁鼓型的，是青花瓷，嘴下書一「水」字；尚有一桃形的，附着枝葉，是青瓷的；另一是碩腹侈口盂形的，塗有橘紅色釉；其來源，有道地的中國製造，也有大韓民國與日本的產品。

水注雖是文房小器，見過眞是不少，但是在中華民俗文物展中的這兩隻水注，是我有生以來所見的第一遭，特濡筆志之，以記其異。

晚清雅緻宮廷瓷

在中國陶瓷史上，認爲集精采瓷器大成的，首推乾隆的瓷器，不僅保留古代精華，且吸收東西方的藝術，更有著新意的創造。對瓷器具有研究的學者，以及鑑賞家們，總認爲清代瓷器輝煌成就，只僅康熙、雍正、乾隆三朝的一百三十四年間，是中國陶瓷史上光輝燦亮的頂端。

記得國立歷史博物館既往曾經擧辦過「乾隆官窯瓷器特展」、「清初康雍乾官窰瓷器特展」，兩項瓷器大展，有助於加強認識與灌輸書本以外概念。且復擧行「晚清官窯瓷器特展」，使來自香港收藏家的珍寶於國家畫廊再度出現，裨益於歷史文化宏揚，是一項貢獻，有助於實地鑑賞與加強清瓷認識與了解。

晚清官窯瓷器，它包括道光、咸豐、同治、光緒、宣統五朝的九十一年中，那正當國勢衰頽，社會經濟不振，在官窯瓷器燒造方面，因受其影響，而量與質不若盛時。可是，並不意味晚清官窯瓷器的精湛技藝和裝飾技巧毫無發展，吾人應該具有的認知，是加深探究，利於評斷。

這些器物是由關善明提供的。計晚清官窯瓷器一六四件的精品，爲世所重，試加以概括性的論列。

清代在景德鎮所燒造的官窯瓷器，由於在康、雍、乾、三朝建立的良好基礎與完整的體制，縱或稍有變遷，但是優良傳統因襲下來的規模，依然順應發展，以致頗具成就。例如：

1. 清代採取以金錢雇用民窰熟練的工匠，一掃明代御廠「編役」的制度，使得優秀陶瓷工匠，自由自在做工，直至晚清，還是本著分工細密的形式，提高御器品質，創新品種，促進技術進步和瓷業發展，必然有著聯帶的影響。

2. 由於御窯控制質量及設計具有決定性作用，且生產規模及設備完整，所以，御廠的出品，還是先行生產小量器皿，經內廷再就原先設計的予以審閱通過，然後方始正式大量的生產，從展出瓷器上書款：「戊九十一號十五年樣」的道光十五年（一八三五）青花花卉小盌，得到實證。而且，同治年間仍有督窯官蔡錦青，依據舊制與復御窰。至於御用瓷器的造型及紋飾，都是經過內廷的直接設計層轉先製器樣的程序，所以，一切還有成規可資依循的。

晚清官窯瓷器和盛清康、雍、乾、三朝的御器，其差異性，在器物上大致仍有著顯著的不同。類如在造型上的簡樸大方，外表胎質稍厚，近圈的地方，尤爲顯著，青花器的青色，微呈灰調。在日常用品製作，並有專門設計式樣去燒造，來作爲皇室婚嫁、祝壽、賞賜等大典所需。

雕瓷的新作，爲晚清製瓷的款式。更把握現實的題材，來美化紋飾的多彩多姿，常於瓷器上繪製的，有放牧圖、團花粉蝶、庭院大戲、嬰兒嬉戲等，充滿無限生趣。花卉五彩繽紛，芬芳呈艷，有纏枝、靈芝、折枝花果、蓮花、蘭花、粉彩花卉、折枝牡丹。另有龍、鳳、蝙蝠、三羊、蟠桃雲鶴、鴛鴦、歲寒三友、蘷紋等，很是精緻巧妙。

色彩有青花、粉彩、紅彩、黃釉、茶葉末釉、冬青釉、嬌黃釉、霽青、描金、鬥彩、素三彩、胭脂、祭紅、茄皮紫、仿哥釉、鈞釉、琺瑯彩等，華麗無與倫比，令人目迷五色，愛不忍釋。

以道光、咸豐、同治、光緒、宣統五朝的年代長短不一，處境亦各有異，官窯瓷器製作，表現多少有著不同，爲利於敍述，茲擇要分別說明，藉悉晚清御瓷的大概。

道光官窯（一八二一—一八五〇）。

宣宗在位三十年，官窯早期產品，在基本上是沿襲前朝的式樣，卻有著革新的題材「嬰兒」，洋溢著喜樂和生命力，瓷上整個畫面是充滿熱鬧，藝術水準，灼然可觀。

咸豐官窯（一八五一—一八六一）

文宗在位十一年，由於太平軍作亂，景德鎮飽受摧殘，致在過渡時期，御窯生產停頓，官搭民燒，產品欠精。及之恢復，質精胎薄，青花鮮明純淨，祭紅盌尤稱優良。

同治官窰（一八六二—一八七四）

穆宗在位十三年。基於慈禧個人的喜好，風尙繁褥，富麗堂皇，猶如盛清。且有慈禧親自訂燒的內廷居室「儲秀宮」的瓷器，有大盤、魚缸、瓶或其他擺設飾物爲主，恆常書款「德秀宮製」四字。

光緒官窰（一八七五—一九〇八）

德宗在位三十四年，在位年代既久，御瓷具有水準，傳世量較多。製瓷技術最大特色，是以低溫釉上彩，色有黃、深紅、粉紅、松綠、草綠等。吹釉的高明技術，替代以前塗釉或蘸釉方式，收到釉薄平均的效果。並以珊瑚、礬紅釉上彩，更新失存的釉裹紅及祭紅的技法。末年盛行彩繪瓷器，開創新的風格，俱由當代畫家手繪，也影響民初繪瓷風格和發展至鉅。青花瓷微現紫色調，釉色透明，胎質潔白，器壁較薄，紋飾多樣，秀麗非凡。

宣統官窰（一九〇九—一九一一）

宣統帝溥儀在位三年，即被推翻建立中華民國。

御瓷胎薄，質細潔白精煉。末年先後建立官商合辦的瓷廠，其中以江西瓷業公司較爲嚮名。

晚清御瓷，不外是一、宮廷日用品。二、祭祀禮器。三、案頭擺設。四、賞賜玩物。另外，特別專門設計的，在關氏藏瓷中，有著：道光女兒出嫁蒙古王子專燒的，慈禧專爲體和殿陳設而訂燒的，光緒三十三年秋操紀念所燒的，宮室專燒的如：「儲秀宮製」、「體和殿製」、「養和堂製」、「彩華堂製」、「愼德堂製」等。「大雅齋」非內廷宮室或齋名，自不能如嘉慶朝的「懋勤殿」相比，有說可能是供燒御用瓷器的民窯店名，尚難確切判明。還有「江西瓷業公司特製」、「清國考察實業團敬購」書款，那是宣統二年燒造的粉彩芝仙祝壽圖瓶，稱得上清廷最後製作的專門設計製瓷，細緻雅麗，所繪仕女，相當美艷。

明清兩代瓷器有年號可考，從底款銘文中得以一目瞭然朝代的分別。道光有藍色篆書成一橫行，或上下三行，也有楷書紅字記年的。同治有六字四字的，紅字藍字俱有，篆體宋體不一。光緒有六字。

書寫紅藍字皆有，楷書多，篆體少，還有雕的字體。宣統有六字的，楷書分成兩行，全文是大清宣統年製。

在展晚清官窰瓷器中，每件俱有底款，因爲書寫皆由專人負責，粗看都很一致，沒有參差互異的現象。大分青花六字款，楷書爲多，篆體較稀，書於例進日用瓷底。紅字四字款，類皆壽慶專燒的瓷器。黑字的底款，是不吉利的喪事所書，從這細微底款書寫上，固可看出瓷器的燒造的目的何在，也可知書寫底款的人們用筆，毫不隨便。

清代銷美貿易瓷

我國瓷器的發展歷史悠久，享名國際自古已然。國立歷史博物館舉辦的一項前所未有的器物展覽，題名：「美國珍藏中國貿易瓷精品展」，是從美國華李大學珍藏中國瓷器二千餘件中，精選八十四種九十三件運來付展，內中有美國獨立之父華盛頓，美國南北戰爭南軍統帥李將軍，他們生前使用過的。不僅具有深厚的文化與歷史意義，且蘊含著中美兩國傳統友誼的源遠流長；而在國人言之，重睹先人心血結晶的創造物品，倍感親切，更足說明我國瓷器的昔年行銷海外，發展貿易，創業開拓精神，堪資矜式。

美國珍藏中國貿易瓷，其年代是以一七五〇年至一八五〇年間，適當我國清代乾隆、嘉慶、道光三朝。蓋早期新大陸的貿易，悉操於英國政府手中，我國江西景德鎮燒造瓷器，有的運往歐洲各國，也有輾轉由英國倫敦再行銷售或私人攜往新大陸的，從華盛頓及李將軍家族祖傳使用的器皿來看，證實此項說法的非虛。及之美國立國，直接與我國通商往來，中國貿易瓷一躍成爲在美最大市場，幾達五十年的時間。昔時海路航行，險阻頗多，運美瓷器，需時一載，由於需求甚亟，商賈獲利至豐，回溯將近二百年以前的中美貿易盛況，僅就瓷器一項的輸美，如火如荼，建立了中美良好的貿易關係，時至今日，即以雙方貿易而言，中美兩國交通便捷，物產貿遷頻繁，固不可同日而語；若以歷史的觀點，中美在二百年來長遠時間，相互交往，通達有無，瓷器留給美國人士心目中印象，歷代相傳，靡不對我國家人民存有一種易於相處的感覺；美國視為至寶的中國貿易瓷選精運華付展，是為最佳的一例。

從華李大學珍藏的中國貿易瓷中觀其大要：形制彩繪色釉用途，俱以配合美國人喜愛的口味而有所更變，此中亦可窺見國人聰敏才智有過人之處。筆者在所見清代貿易出口瓷器中，雖說統是瓷器，但是，日常用瓷與裝飾用瓷固不雷同，精粗細糙也不一致，而國與國間所需求的，往往更是各異其趣，各求其需。習見的韓國、日本、菲律賓、泰、越、星、馬、印尼，以及中東，歐洲，凡中國出口的瓷器，無不適應其所在國的文化程度，與生活方式異同，予以配合，其時着眼於產品推銷，使顧客樂於接受，進而歡迎中國瓷器的進口，惟捨經濟觀點外，我國燒瓷技術的高超工夫，弘揚於世界，中華文化藝術普遍於國際萬邦，實具既深且厚之價值存焉。中國清代運美各式瓷器中，所繪圖飾尤稱別緻。察其內容，大部份俱係遵循顧主意願而為的，間亦採用純中國式的花紋，藉資點綴；如：「青花凹邊小盤」，直徑二〇公分，四周繪有藍色細格，中間「福州」團花；「藍・金茶碟」，直徑一六公分半，有金花藍線，加「福州」式框飾；「橢圓菓盤」，中繪瓜果，四周佈滿花朵，外邊有鎖形壽字。最具歷史價值的，莫若華盛頓家族使用的「高邊瓷碟」，一八〇〇年左右製品，直徑一六公分半，全體以深紫色繪成，飾以「福州」式花邊，證實爲華盛頓胞妹曾經使用，而華盛頓生時所用的餐盤，係一七八五—一七八六年間製造，直徑二五公分，中繪天使，一手吹號，一手持有鷹徽，四周佈滿青色花樣，至爲雅麗。李將軍祖傳餐盤，爲李將軍經常使用，繪有美國倫敦及我們廣州市景，直徑二五公分，係定製於一七二六年，此盤即係李將軍家傳祖物，由英輾轉帶至美國的，被視爲無上至寶；另一件李將軍家傳的茶具，亦係彼時自英國倫敦向我國廣州所定製，供作李將軍家族專用的。華李大學於一七四九年創設，地處維琴尼亞山區，爲今日美國歷史最久的高等學府之一。由於華盛頓總統在一七九六年，贈以巨款致使該校名聲益彰，美國南北戰爭結束後，復由曾任南軍統帥的李將軍擔任校長，全力擴充，始創新聞、法商學院；今時李將軍墓堂，華盛頓大廈，遙相對望，雄峙於校園正中，成爲美國重要史蹟，同爲維州人物的華盛頓，李將軍生前使用的中國瓷質器皿，自然更加視如拱璧。

華李大學校長韓德利夫婦，率同該校副校長懷德海，我國旅美學人朱一雄等十七人，遠自維州親携該校珍藏中國貿易瓷九十三件，由國立歷史博物館展出十天，是難得的一項國際性展覽，誠屬造福國人，且是特具意義的舉措。展出精品，不僅從華李大學所有藏瓷中挑選得來，悉經美國國立博物館史密斯桑寧學院加以鑑定，曾爲紀念美國建國二〇〇週年，已經巡展於美國各大博物館幾達兩年時間，在這些瓷器當中，也有家族定製專用的，如：保羅，呂耒家所有的溫器，金碧團花，中嵌姓名；現今華李大學藏瓷，泰半是由其夫婦藏購捐贈，藉示不忘母校的培育；類似情形的不乏其人，內中寓有無限的情感存在。他如：阿基巴・布羅，馬利蘭州艾利賽，南卡羅琳州，查爾斯頓市曼尼嘉，龐蔭諸塞州，蒙太格之馬丁・羅特，間有簡寫姓名，並有格言，家訓，繪製於家用餐具上面的，作爲一種識別與裝飾，然亦可以了然家庭專用餐具瓷器的考究。

我國清代運銷美國的瓷器，燒製於江西，許多圖繪是在廣州出口以前，根據美商約定補繪的，再加低火複燒乃告完成。吾人目睹瓷器上的美國國旗，只有十三顆星，象徵彼時的美國方擁有十三個州，事實昭然。圖繪航船，風帆飄揚，破浪向前，是所慣見。具有紀念意義的，有敷彩我國廣州十三公行景物，東印公司荷蘭碼頭，巴達維亞海港，歐洲城堡，波斯市場，簽署獨立宣言景象，華盛頓之喪，會章，族徽、人名、家訓等項，俱是經過特約繪製的。他如：人物、仕女、山水、花卉、鳴禽、大象、雙鹿、葫蘆、石榴、蝴蝶、牧童、農夫、甚至繪有走索表演，黑褐人物畫像，另外常見的有巨鷹展翅，是以代表美國精神的紋飾。

尚有「耶穌會式」瓷繪，所有聖經故事、構圖，着色與內容，俱由中國畫瓷專家，摹倣西洋宗教版畫精心繪製的。從西洋繪畫風格裏，不難發現有中國的墨趣，以及中國瓷器造形與花紋的一些特點，依然夾雜著中西合璧的文化藝術交流氣氛。

在衆多展出瓷器中，最爲別緻而令人興起濃郁趣味的，有：「心心相印」杯，繪有雙心交疊，外加姓名簡寫，寓有永遠相愛的含意。還有「路易十六隱形餐盤」，藏有法王路易十六伉儷及王儲夫婦側影。「畫謎餐盤」是爲一七九〇年製品，直徑二十五公分，中繪女像，假如上下倒置相看，就會有著另一個女人的畫像出現，令人不期然地發出會心的微笑，這種謎畫，說不定是從事製瓷工作人們的一種諧趣與取樂表現。

以瓷論瓷，美國保持珍藏的我國清代瓷器，雖是專為英美人士的自身需要所製造，在時間上已歷二百多年，如今萬里歸來，陳展在國人的眼前，任憑瀏覽欣賞，時屬有限，吾人內心的直覺，不僅是一種歷史性的追溯，也是一種藝術性的品價，它是具有教育意義的一種國際交換展覽，究其實際，我國欲去美國舉辦各項展覽尚稱易為，如果是由美國運來具有歷史性與藝術雙重價值的器物來展覽，倒不是一件輕鬆的事情。經費、人力與場地，已經煞費周章，彼此的信賴，尤為成敗的重大因素。何況，瓷器最易破損，保險、裝箱與攜帶，能夠如期公開在我國展出，確實是經過勞心勞力，有其幾番辛酸嘗試的。

其實，據考證所得，我國陶瓷銷往國外，從唐末、五代時即已開始，陸上的絲綢之路所到西亞，海上東西洋航路所及之處，都有唐代瓷器碎片發現。就南宋趙汝適「諸蕃志」一書記載，當時外銷瓷器遠不止十五個地區和國家，外銷瓷器是青瓷、青白瓷、青白花瓷、處州瓷（今浙江省麗水縣）四類。明代在歐洲形成誇耀財富的珍品。美國從英國手中獨立於新大陸後，中國貿易瓷，清代也就作為輸出的新寵。所以，中國瓷器外銷歷經十個世紀而不衰，這是中國人對外貿易的一分光榮。

替捏泥巴的人發言

我國現代陶瓷藝術發展，受到社會愛好藝術人士的重視，這是近年以來的事；由不被重視，常處於聽其自然的狀態，如今，有人重視，而日益發皇，是一件可喜可賀的現象。好現象的發生，其中自然含有其奮鬥過程。

現代陶瓷藝術的限義，有人從廣義與狹義兩方面去解釋。主張廣義的人，認爲凡是現代人從事陶瓷藝術創作的，這些成品都應視爲現代陶瓷藝術製品，倒不必斤斤計較形制與紋樣，換句話說：完全模仿前人製作的陶瓷藝術製品的，也該視爲現代陶瓷藝術範疇，而且，認爲我國陶瓷器是中華民族劃時代的創造結晶，無論由白、彩、紅、黑、灰、彩繪諸類陶器，演變成青、白、青花和彩瓷，不僅供人玩用，且對於社會文化的進步，藝術和人生的銜接，特具非凡的意義。也有人認爲我國現代陶瓷藝術還談不到有什麼成就，參加國際競賽展覽的作品，總脫離不了瓶瓶罐罐的，因此，尚無可與國際現代陶瓷藝術創作者的陶瓷藝術家們互爭短長，因而迄無大獎落在國人之手，也就是說，我國要在國際角逐，所有陶瓷藝術作品，未能創新、不能現代，尤以在造型與用釉方面；所以有人據以詬病我國現代陶瓷藝術作品無法與國際陶瓷家的作品相互爭衡，尙有待更大的突破，更有待各方面不斷的努力和奮鬥。

中國陶器，有人說是發明於伏羲神農之時，而瓷的名稱則始於漢代，眞正成功於李唐。宋世，瓷業大盛，定、汝、官、哥、均垂名千古，明代宣德，成化之作，尤爲突出，清代所作，精巧華麗，美妙絕倫，康乾兩代的出類拔萃的製品，如今依然爲世界各國所珍視，各知名博物館以及收藏家們莫不以保有中國陶瓷爲榮，無論倫敦拍賣市場對清代瓷器之競相爭購，乃爲習見之事。

無可否認的，中國陶瓷胎質的腴潤、釉色的晶瑩，形制的耐看、花紋的精緻，這些精美佳品，是我中華瑰寶，舉世所重。可是，由於十八世紀以來，歐人仿造瓷器，精益求精，有凌駕我國以上的趨勢；即鄰近的日本和韓國瓷器的發展，我們在事實上也不能稍加忽視。

瓷器的發展，根據中華民國二十三年國際貿易局一項我國陶瓷工廠的調查統計，當時各省造瓷的，有：江西、河南、四川、河北、江蘇、廣東、湖南、福建、山東、山西、遼寧、吉林、浙江等省，還未包括上海市在內。即以中華民國現有轄區的造瓷現況，福建省的金門、臺灣省的臺北縣屬鶯歌、淡水、臺北市的北投，還有臺灣省的苗栗等地、陶瓷工廠的林立，不知爲國家爭取多少外滙，並且在中華文化發揚光大的貢獻上，誠是功不可沒。

臺灣窯業的興起與發展，以及目前的狀況，當然是經過一番艱辛，經營失敗的當然大有其人，脫穎而出的也是時有所聞。原料的來源，釉藥的供應，技術人員的培養，雄厚資金的籌措，廠房設備的更新，外銷實績的競爭，以及科技與藝術的結合，理論與實際的輔佐，這裏的苦經與奮鬥創作所付的毅力，當然不是一般人所能全部瞭解。

今日陶瓷產品，其進步神速，眞是令人刮目相看，而臺灣窯業的製陶造瓷，主要的當然以實用者是其主體。從製造性質來分，固然陶是陶，瓷是瓷，但其中也有名瓷實陶的，名陶實瓷，這是從火度來說的。至於分類，只能大致劃分：玩具用瓷，工業用瓷、衞生用瓷、食器用瓷、藝術用瓷。從事陶瓷工業的人，當然希望賺錢發財，利國利己，絕沒有人冒險，願意賠錢來發展陶瓷工業的愚人。因此，專門製造欣賞用的藝術陶瓷的廠商，在臺灣只是寥若星辰，爲數可指。至於發展現代陶藝專門創作現代陶藝的廠商主人，想以純藝術觀點從事藝術創作的，固然有極少數人在不斷的嘗試，在不斷掙扎，不斷苦撐惡鬥，畢竟還是那幾位少數的少數。因爲這種純藝術的陶瓷藝術創作，要投下大量的資金，還要很長的時間，同時，要具有藝術的高深修養，使科技與藝術造詣相凝結，因此，能在窯業經營這方面來說，較難鼓其餘勇，來心甘情願大力從事陶瓷藝術的創造，這種殘酷的事實，絕不是一個捏泥巴的人不知長進，不知努力，實在受着種種限制因素所使然。但是，陶瓷藝術的發展，在我們中華民國是需要繼續倡導和有賴各方面的支援鼓勵，雖然，目前有些公私立的大學和學院，專科及高職學校，甚至於少數中小學校，對陶藝在積極日爭上游；而且工業研究院，以及臺灣省手工藝研究所，國立故宮博物院，國立歷史博物館都設有陶瓷技術組合，一些從藝術學校出身的老師和畢業生，還有些特別喜歡捏泥巴的人，他們以自己的執著信心、摸索、苦思、創作，近幾年來，總算綻放了陶瓷藝術的美麗花朵，期待結成累累的豐碩之果。從國立歷史博物館歷年選件到德國、英國、意大利參加國際陶瓷競賽展的記錄來看，參加的人愈來愈多，送件的也愈來愈踴躍，不僅有男的，也有女的，不僅是老師，也有學生，更有許多特別愛好陶瓷製作的社會人士，所以，學校、工廠、陶藝家、技藝家的參展作品水準，一年勝似一年，縱或東西的審美觀念與取捨標準容或不同，我中華民國能以堂堂陣容參與國際性陶藝競賽，說來簡單，做來却不輕鬆，其中經費一項，還得由主辦單位自行籌措，至於參展人的自掏腰包來盡心創造作品，也實在難得。若單從邀我選件來看，在萬方多難的今時，更是非所易易，何況，你要參加，別的國家硬藉故婉拒，那眞是使人憤怒異常，氣得要命。所以天下很多事，不是常情常理所可解釋一切的。目前仿古陶瓷，就是常人所說的「複製品」，具有歷史與藝術雙重價值，年來散布各國展出，頗引起國際間特別重視，最近曾在中南美洲的玻利維亞和巴拿馬，以及中東的沙烏地阿拉伯王國學辦展覽，確實使中國陶瓷器皿再度揚眉吐氣，重振光輝，爲國際友人所稱羨。

不僅如此，國立歷史博物館學辦「現代陶瓷展覽」，是由臺灣區陶瓷工業同業公會徵件，經由藝評家、藝術家、陶藝家、技藝家組成評審會，嚴格評定入選作品付展的。社會組、學校組、工廠組的前三名，俱有象徵榮譽的精神獎賞，特邀國史館黃季陸先生親自頒授。所有陳列的展品，仍然不能說是十全十美的精作；陶藝創作乃是永無止境，仍要繼續的向前邁進，應該站在民族傳統的深厚基礎上，灌注時代的精神，來發揮陶瓷藝術的新創造，方不失學辦展覽的最大主旨。（民國六十八年四月二十八日。）

附錄：

西洋畫家畢卡索陶藝

巴布羅・路易斯・畢卡索生在一八八一年十月二十五日的西班牙達魯西亞地方的馬拉加市，活到九十二歲；因心臟病在一九七三年，逝世於法國的寓所。

這位西方藝術大師的畢卡索，少年時代即已顯露繪畫的天才，他父親路易士・布拉斯柯是位繪畫教師，對他不無影響。

從一九○○年，當畢卡索十九歲時就曾經到了巴黎，回到巴塞納後，擧行第一次個展。有人說，畢卡索的作品，所以在二十世紀雄霸西方藝壇，在於他的表現狂放不羈和具有多變性，用色大膽，頗富進取心，常常隨意將物像解析再行重組，因此，他的作品是富有挑戰性的，足以令人讚佩不已。他一直在不斷的變新，而且潛孕着無限的活力，所以他的創作很少停留在某一個固定階段，從早期的藍色時代，經過桃色時代、原始時代、立體主義時代、鉛筆畫像時代、新古典時代、變形時代、表現主義時代，而到戰後的田園時代，在創作上，是非常顯明地看出：畢卡索的確是一位愛好新奇而且善變的大藝術家。

畢卡索的藝術素材，不僅表達於繪畫，同時也表現在雕塑、版畫、壁畫。一九四七年，已經六十六歲，定居在法國南部陶城的瓦洛里斯，並從事陶器的製作。一年之中，竟然創造了近兩千件的陶器作品，這不能不說是一項驚人的多產創作，也讓人意味到他的精力與體力充沛，還有就是他的藝術工作狂熱。

我們知道陶器的製作，是一種結合繪畫與雕塑於一體的陶藝，他在那裏生活廿五年之久，晚睡到午夜二時，眞是不眠不休的從事工作，創作數量極爲豐富，不斷地創造更新穎的藝術作品，僅就陶器作品而論，直到一九七三年四月八日撒手去世，遺有三千多件。

畢卡索存世的陶器，公開展示的次數和件數並不爲多。據統計：一九四八年他曾經在巴黎的國立思潮陳列館，展出早期的一百四十九件，此後，即很少展出。一九五三、一九六六年，也曾在羅馬和巴黎的回顧展中，僅展出數十件陶器作品。現所知道的，他的陶器作品捐贈法國安吉普畢卡索美術館的有三十五件，法國雪烈近代美術館的三十五件，西班牙巴塞隆納畢卡索美術館收藏十六件，其餘的都由其愛女瑪雅·威特麥女士繼承保藏。

有現代多變畫家之稱的畢卡索，雖然生活多彩多姿，思想也曾經忽左忽右，而其藝術創作，仍然根植於傳統，並根植於歷史，也根植於西方對於人性的重視及關注，仍然不失爲一個多彩多藝的偉大藝術家。記得民國六十四年七月間，爲著由國立歷史博物館擧辦「畢卡索畫展」，曾經在國內引發一股浪潮，而主辦單位堅持「只許成功不許失敗」的決心愼重將事，無視經費來源，國人觀念，還有一些不痛不癢的論調，可以說本著打落牙齒和血吞的忍耐精神，一一使之順理成章，終底於成，眞是談何容易。這雖成陳年往事，但是「寒天飲冰心，點滴在心頭」，此種況味，也只有過來人，才能眞實體會，所謂「切膚之痛」；即便是外科醫生，僅在理論上說得頭頭是道，畢竟還沒有身歷其境的嘗受滋味之甜、酸、苦、辣。畢卡索的展覽，籌辦期間堪稱百味雜陳的。

中華民國建國七十年時，一項石破天驚、震撼中國藝壇新正大事，終於實現，那就是「畢卡索陶藝展」，在國家畫廊的展出，相與在展的中國明代四大家——沈、文、唐、仇書畫展，同爲國立歷史博物館十項大展最爲吸引觀衆的難得之擧。東西藝術的輝映，顯示着異曲同工的無比光芒。

有人譽爲東方藝術界空前盛事，就是畢卡索陶器首次運華展出。這其中還是免不了間有少數人士，對他的生前個性獨特，招致物議，但較諸六年以前來比擬的話，實在是順利得多。一八六件的畢卡索陶器在東方第一次的展出，得力於日本產經新聞社長鹿內信雄，透過我國亞東關係協會東京辦事處全力協助促成，而教育部、中央黨史會等機構的支持，也是得以展出的最大後援力量。

這一批藝術珍寶，盛在精製的不銹鋼箱內，內裏是包藏在防震的軟質材料中。計裝六十六箱，全重一、六二五公斤。由亞航二〇三班機運抵中正國際機場，經過免驗手續，在五輛密閉貨運車，由絕對安全護衞下，直抵國立歷史博物館一一搬入倉庫，經日方專家會同開箱佈置付展。其過程愼重，手續繁複，人員往返，函電交馳，種種切切，是可想而知，但畢卡索陶器在我國的展覽，終於實現。

得以展示的畢卡索陶器作品，是在他逝世後，法國派遣五位整理委員，前後花了七年時間，將所有遺留作品，加以整理編號，這一八六件是選出所有作品的一部分，現由其愛女瑪雅·威特麥繼承之物，且經法國政府正式課徵過繼承稅的。

目前法國南部的窯業中心，有著畢卡索陶器公司，出售大批複製品，都是造模複製的，標示着「畢卡索版」，或「畢卡索原作複製」等字樣，每種約製二〇〇件以上。在我國初次，在世界也是首次正式出現其原作在中華民國的台北面世，算是創舉。

正式公開展示的陶藝品，確是畢卡索的原作；幷由其愛女親筆函件來證明，這些在中華民國陳列的畢氏陶器作品，是她父親親手製作自用或收藏的由她合法繼承的遺產。

展示的畢卡索製作的盤、壺、水注、鉢、陶板、立體塑像等作品，所採用的主題，也和繪畫或雕塑一樣，以男、女面像、頭部、動物、花鳥及水果靜物，自由自在地享受着造型上的樂趣，形成畢卡索的自我風格。不僅造型有具象和抽象，而在色彩上，絢爛奪目。尤其在陶器上的繪畫，仍多想像的肖像畫，更多變形人像，藉面部表情，刻劃人物不同的性格，以表達他的本性及西方人本主義的傳統。有人說他這寥寥數筆，是即興之作，表現在晚年二十五年間的陶器創作上，象徵着畢卡索着迷於繪畫與雕塑相結合的一種藝術。也有人認爲現在的世界，因科學、工業和技術不斷進步，使人類生活方式產生許多驟變，或許，畢卡索心有所感，而在陶器藝術作品上，來作爲世事變化的一種寫眞。

我們不難從畢卡索陶器作品中，看到繪畫著牛、羊，以及鬥牛的場面。童稚之憶，故鄉之戀，使這位老者無時不具有一顆童心，念念難忘他的故國——西班牙的鄉土生活習俗。

由藝術觀點，探討畢卡索陶器藝展，一八六件原作，能在我國公開展示，啓發愛好藝術人士的心靈與思考，助長藝術風尚，實屬是一件空前的盛事。

後記一：

陶瓷拾粹

◎最早的陶器多爲以飮食用器爲主，其次，方有陶刀、陶紡輪、陶網墜、陶彈丸、陶塤、陶塑等各種器物。

◎陝西省臨潼縣秦始皇陵兵馬俑坑，民國六十三年～六十五年（一九七四～一九七六）出土的，武士俑高一八〇～一九〇公分，馬俑一般高一七〇公分，總數估計六〇〇〇件。雄偉壯觀，形象逼眞。

◎漢代綠釉陶製磨坊，民國十七年在河南閿鄉縣出土。操作風車揚穀的人立在出口，側有一驢休息，另是舂米用的碓正在有人運用，還有磨麥的磨；雖是明器，非常寫實，且出土者少見。（國立歷史博物館古代陶器藏品之一）

◎在我們今天的生活裡，陳設裝飾物品，總是離不開陶器和瓷器。

◎釉的最早出現是在商代，到秦、漢時代又有進一步的發展。

◎浙江是原始瓷的重要產地。

◎漢「鄒陽酒賦」：「流光醳醳，甘滋泥泥，醪釀旣成，綠瓷是啓」。

東漢晚期瓷器就開始出現，若從文字學角度推論，青瓷發明於東漢，是有它的得力根據。

◎中國偉大發明的瓷器，誕生在杭州灣的上虞、餘姚、寧波、蕭山、紹興一帶，東漢瓷窯遺址，出土黑釉瓷器多於青瓷；從事實說明，東漢晚期，浙江先開始生產青和黑釉瓷器，以屬於越窯系虞窯和寧波窯最有代表性。江蘇的宜興也有青瓷燒造，已經發現多處窯址。

◎浙江省的溫州、永嘉、瑞安一帶，在甌江西岸，稱爲甌窯的，三國兩晉，南北朝時期的甌窯燒造縹瓷，是一種釉的透明度較高呈淡青色青瓷，晉潘岳笙賦，有：「傾縹瓷以酌醽」之句。

◎三國（吳）青瓷魂瓶罐，民國六十二年（一九七三）出土，於江蘇金壇縣境，罐上堆塑闕門、樓台、館閣。并在館閣四圈塑有人物、動物等。罐身貼有模印動物，滿施青釉，釉層均勻。另稱穀倉。

◎湖南長沙金盆嶺出土晉代青釉對坐書寫俑。對坐兩人，都戴高冠著長衣，一人執筆作書寫狀，另一人扶著桌案，案上置有簡册。

◎唐代名窯：所謂名窯，是指歷史上某一地區燒造陶瓷精良而名聞天下的窯場。其名稱多以地名冠之，如定窯、越窯、邢窯等，約定俗成，相沿至今。

◎湖南省長沙市北銅官鎮瓦渣坪的銅官窯或瓦渣坪窯，據考古資料分析，長沙窯始於中唐盛於晚唐，終於五代。

◎河南省鞏縣的小黃村，是唐三彩陶器的發源地；（所謂三彩，非三種色彩而是指多彩釉）陝西耀洲窯也發現一處。

◎五大名窯概括宋瓷成就，明代文人筆記記載的說法有二：⑴柴、汝、官、哥、定。⑵定、汝、官、哥、鈞。

◎有說柴窯是後周柴世宗在位時於鄭州建立的御窯。產品「青如天，明如鏡，薄如紙，聲如磬」。惟其傳世品尚無一件可資證實，因經考證，柴窯既無窯址發現，又無實物存世，係明代文人以訛傳訛形成一宗謎案。

◎定窯窯址在今河北省曲陽縣，宋時隸屬定州，故簡稱定窯。唐代始燒白瓷，宋時尤以印花爲世所稱道，一度曾燒宮廷用瓷，幷兼燒黑釉、褐釉、醬釉、綠釉等品種。產品暢銷全國幷銷往國外，僞造很多，漳河、汾河流域所仿稱爲「土定」，山西霍縣仿品稱爲「新定」，景德鎭仿品稱「粉定」。定窯列五大名窯之首，經考古發現證明：金、元時仍盛燒未衰，元後始漸式微，文獻所載毀於靖康之變欠確。

◎汝窯窯址，位於河南省寶豐縣，宋屬汝州，故簡稱汝窯，專燒宮廷用瓷，也稱「汝官窯」。時間不長，僅從哲宗到徽宗計二十年時間。

◎鈞窯，在河南省禹縣城北門鈞台與八卦洞附近，（鈞台也名夏台）瓷器瑰麗異常，尤以紅色名貴，銅紅窯是鈞窯首創，頗具藝術天才的宋徽宗，在禹縣設窯，專燒各種花盆，洗子、花瓶等鈞釉瓷器。

◎官窯、宋分北宋、南宋，北宋窯址在其首都汴梁（今之開封）附近。南宋官窯在杭州附近，置窯於修內司，又於郊壇下別立新窯。在烏龜山發現，出土瓷片有粉青、炒米黃等多種色彩。造型多仿古代青銅器的盤、碗、碟、壺、洗等類。

◎哥窯：其釉屬無光釉，有米黃、粉青、灰綠等，釉層極厚，開有大小各異的紋片。學術界認龍泉窯即哥窯，一說是江西的吉州窯，一說元代才有哥窯。

◎景德鎭是世界著名燒瓷地方，它成爲中國最大的瓷器燒造中心，是宋元以後才形成的。

◎磁州窯：窯址位於河北省邯鄲的觀台鎭、彭台鎭一帶，是宋代北方最大民間瓷窯，瓷產氣勢磅礴，畫面流暢，富濃厚地方風味，純樸的民間藝術風格，成爲中國陶瓷藝術史上一朵奇葩。白地黑花、剔花、劃花、刻花白瓷、黑瓷、褐瓷等，深受世人喜愛，宋、金、元、明、清，盛燒不衰。

◎宜興盛產澄泥陶，其色發紅，故稱紫砂，宋代已有生產，明代盛極一時，製作精細，造型工整，設計精巧，所燒各種茶具名聞天下。

◎宋代影青孩兒持荷葉枕，近在江蘇鎭江出土，榻上臥一兒童，雙手持荷葉作爲枕頭，造型生動自然，通體均施青釉。

◎如果說景德鎭是中國的第一瓷都，那麼醴陵則是中國的第二瓷都。一九〇七～一九二一年間，醴陵瓷器參加國內南洋勸業會和巴拿馬、意大利世界博覽會，均獲一等金牌榮譽獎章，醴陵瓷器從此名揚天下。

後記二：

兩度大陸飽賢中華文物

當我在國立歷史博物館退休以後，仍以教學、讀書，寫作來排遣黃昏的剩餘歲月。在行有餘力之暇，又撰寫一本《中華工藝至美的陶瓷》，圖文俱備，用饗讀者。既往出版的書籍，均由老友陳丹誠教授題署，適巧他有法國傳授國畫的歐陸之行，逗留較久，為著早了夙願，轉懇書畫另一名家傳狷夫先生為我寫著：「工藝至美的陶磁」七字，飛舞瀟灑，功力深厚，益增愉悅。封面係得自現代畫家林鈴蘭女士的創作，色彩雅緻，構圖新穎，寓義在藝文本為一體，寫作與求知，更是欲不斷奮進。這一本書即將集稿的時候，曾在民國七十九年暑假，跟隨同窗好友鐵陀、兆鉞、應未遲諸先生有第二故鄉的湖南之旅，到過許多往昔未曾涉足的地方。因此，時間給我機緣，讓我從容參觀湖南省博物館陳列的長沙馬王堆漢墓出土的種種，長沙市博物館的唐朝銅官窯釉下彩瓷器精品。還有開國元勳黃興故居紀念館，今人作家沈從文舊居與王村、張家界的土家族苗族文物館等，識見很多文獻資料和史物。江蘇省的蘇州博物館，陳列蘇州出土文物，五代的越窯金扣邊碗，出自虎丘塔內的越窯青瓷蓮花碗、古代碑刻。上海博物館陳列著中國青銅器、陶瓷器。內中陶瓷珍品有：商青釉弦紋尊、戰國青釉龍首鼎、唐越窯海棠式大碗、宋哥窯葵口碗、宋定窯刻花蓮花碗等。杭州的浙江省博物館陳列「新石器時期」的河姆渡陶器製作，以及產自浙省的青瓷器等。我曾寫過一篇「中國大陸博物館事業管窺」長文，約一萬五千字，那是比較詳盡的記述。

今歲於民國八十年的春假，爲著紀念我與我妻鍾緯恒女士的金婚，我們夫婦在次女麗華的陪伴下，隨著中華文物學會的先生、小姐們，作大陸十日之行。首先由香港轉機飛往北平。那天正是大雪初停，氣溫五度，滿街白楊的枝幹一片枯黑，行人在瑟縮當中奮力踏車蜂湧疾駛；郊外寒鴉繞樹哀鳴，野地間有早麥青青，大都黃土無垠，成群綿羊低首放逐，又是一番景象。明清兩朝遺存的古典建築、皇宮、北海、頤和園、景山等地，顯示厚重，莊嚴、雅麗、開濶之美，在其他的地方是很少見到的。故宮博物院設在紫金城各棟建築內，陳列著很多中華文化資產；文華殿的「中國文物精華展」，有：新石器時代的器物，如：彩陶、黑陶、玉、石、骨、牙的製作和雕刻品，商、周、春秋、戰國、西漢、東漢的銅器、牙雕等。銅器的體積既大，文飾又精，如人面紋銅方鼎，青銅象尊，一在湖南寧鄉出土，一在湖南醴陵出土，均係商代物。西周淳化大銅鼎，陝西省淳化縣出土，是我國發現最大的銅鼎。「刖人守囿銅輓車，山西聞喜縣出土。春秋青銅禁，鑄有相互纏繞的蟠螭，下鑄十二隻虎形足，禁面四周鑄有十二隻虎，是民國六十八年在河南省浙川縣出土。我國青銅尊盤，口沿爲多層套合蟠螭，腹部與底部鑄有龍形和豹形紋飾。西漢金縷玉衣，出土在河北省滿城縣，是中山靖王劉勝殮服，由二、四九八塊玉片和一、一〇〇克金絲編綴的。西漢彩繪陶立侍俑，侍俑，儀衞俑、俱在江蘇省徐州市出土，時在民國七十五年。東漢的撫琴陶俑，」民國七十六年在貴州省興仁縣出土，形象、動作塑造寫實、準確。東漢說唱陶俑，四川省郫縣於民國五十二年出土，丑角形象，表現無遺，是說唱藝術表態的最佳典型。

看到的陶瓷，一代勝似一代。東漢青瓷五聯罐，釉色接近灰黃，堆塑得非常有趣，浙江省黃巖出土物。唐抱鴨壺三彩女俑，山西省長治縣出土。坐姿雙髻，穿着襦裙，神態安祥，優雅超越習見的三彩女俑。北宋青白釉磁注子，民國六十年安徽省懷寧縣出土，人形戴冠，着右衽長袍，背後是雙條把手，兩手握著細長壺嘴，神似文官抱笏朝拜狀，造型奇特。北宋窯青瓷蟾蜍水盂，民國七十二年十二月，在浙江省慈谿徵集而得，荷葉托著三足蟾蜍，型色俱佳。明代「時大彬製」楷書欵的紫砂壺，民國七十五年出土於福建省漳浦縣，原是萬曆年間戶工二部侍郎盧維楨墓葬物。清鬫彩花鳥紋提梁壺，雍正年製，型貌極美。粉彩縷空轉心瓶，工藝精巧繁瑣，是乾隆時期的瓷器珍寶。

中國歷史博物館據稱珍藏文物三十多萬件，陳列的「中國通史」，分朝劃區展示文物和文獻資料，從一七〇萬年前到公元一八四〇年止。先從「原始社會」開始，有元謀人牙齒化石、藍田人頭骨化石和石器，北京人化石。還有母系氏族社會以後的廣東馬垻人，山西丁村人，湖北長陽人，廣西柳江人，內蒙河套人。北京周口店山頂洞人的化石和採集、狩獵、磨製工具，以及石製，骨製生活用具與陶器的眞品或複製品。其次，即是夏、商、西周、春秋這些朝代歷史，看到殷墟甲骨和商周青銅器，著名的有：司母戊鼎、龍虎尊、大盂。鼎、秦公簋、吳王夫差鑑、和蔡侯鎛鐘等。及之，戰國、秦、漢、三國、兩晉、南北朝、隋、唐、五代、遼、宋、西夏、金、元、明、清的歷朝歷史，展出文物有：戰國時代鐵器、漆器、絲蔴織品，金屬貨幣，度量衡器與磚瓦，下水道建築材料；秦代陶俑、陶馬、琅玡刻石，陵陽虎符，「海內皆臣」磚，半兩錢和權、量；漢代的「齊鐵官印」封泥，陶製城堡、樓閣、車馬、糧囷，地動儀模型，銅馬，長信宮燈；三國、兩晉、南北朝時期的文學、書法、繪畫、雕塑、陶瓷成就的藝術傑作；隋、唐、五代時期的螺鈿鏡，金銀平脫鏡，唐三彩，石窟藝術；遼、宋、西夏、金、元時期的瓷器與三大發明的火藥、印刷、指南針；明、清時期的五彩、鬪彩瓷器；中國歷史皆由中華民族子子孫孫血汗熔鑄所形成，從傳世瑰寶和出土珍品中，即可了然文物的重大象徵，它是中華民族的優越、聰明與智慧的結晶。

定陵博物館，那是明代十三陵中的神宗陵寢，是「竭內府之金錢，窮工匠之工力。」乃成。葬的朱翊鈞和他兩個皇后孝端、孝靖。地面建築曾受毀燒，民國四十八年十月經中共發掘而建立博物館，現有明樓和寶城；地下宮殿放著三口棺槨，三個漢白玉雕刻的寶座，側置一個嘉靖年間燒製的青花瓷大缸。文物館中陳列的有金、玉等物，萬曆金冠和皇后鳳冠，工藝非常精巧；金冠二龍戲珠，是出土物中翹楚，有一頂鳳冠，計用三、五〇〇多粒珍珠和一五〇〇多顆寶石點綴，光彩奪目。據說在挖掘之初，找到入口的墓門，就曾整整費去一年的時間。

關塞要隘，我終於登上長城。居庸關的精巧石刻仍在，內城呈顯殘缺。爬上八達嶺，山勢峻險，城牆蜿蜒，遊客群集，那些駱駝、騾馬穿梭往返，也就無人注目。

江南綠柳桃紅，田野麥苗青碧，菜花黃嫩，正是清明，舊地重臨，感慨自必增多。中山陵、明孝陵、玄武湖，長江大橋，憑弔溯往，任滾滾濁浪流去，也難洗盡往日情懷。

南京博物院舉辦「長江下游五千年文明展」。生我育我的長江下游地區，陽光雨水充沛，氣候溫潤潮濕，物產資源豐富，早在三十到一萬年前的舊石器時代，已有人類生息，繁衍。經考古發現安徽和縣猿人，巢縣猿人；江蘇丹徒蓮花洞，吳縣太湖三山島，溧水縣神仙洞等地，有著古人類化石和文化遺物。及之，新石器時代，如：浙江餘姚河姆渡、嘉興馬家濱、江蘇吳縣草鞋山、海安青墩、南京北陰陽營、武進寺墩等地文化進步，促成文明的發展。

由於人類創造歷史，乃有古代文明的光輝。因此，在文物陳列展示的，劃分九項主題：一、凝聚人文之美的玉石器。二、文明發端的青銅器。三、東南的髹漆。四、舉世聞名的陶瓷。五、傳播文明的交通工具。六、衣被天下的紡織刺繡。七、精巧美味的江南飲食。八、玄妙虛幻的佛道神靈。九、依水臨河的江南建築。

綜觀這一系統的展覽，給我印象較深的，長江下游是琢玉中心，乃有「良玉雖集京師，工巧則推蘇郡」之說。良渚文化遺址發掘，春秋戰國、漢代、宋明清時期，具有輝煌的琢玉成就，陳列玉石，徐州出土的銀縷玉衣，計用玉片二、六〇〇餘塊和八〇〇克銀絲編綴而成。石刻有東漢男女蹲坐，搭肩摟腰，親昵接吻的形象，還有梁代巨大的辟邪。（南京出土的不止一隻，北京仿有東漢石刻辟邪，）引我特別重視的六朝（東吳、東晉、宋、齊、梁、陳。）青瓷，絕大多數出自墓葬，以南京附近、鎮江一帶、太湖周圍，從精品中選展一百一十一件，部分具有確切記年，其中，南京光華門外趙士崗吳墓出土的「赤烏十四年會稽上虞師袁宜造」的青瓷虎子，南京清涼山吳墓出土的「甘露元年五月造」青瓷熊燈，胎質堅硬，釉色均淨，較漢代更爲細密。宜興紫砂壺大型的不多，仍以小壺爲主，且有加塗滿釉的白、藍二種小壺出現。（北平博物院陳列的時大彬製的大小不一的紫砂壺，其一刻有「江山清風山中明月」字樣。）還有名工陳鳴遠製的筍形水注，唯妙唯肖。釉下彩繪青花瓷器源於唐代，展有青花瓷枕殘片，是否爲長沙窯瓷，未見說明卡片。另見宋代青花瓷碗二件，浙江龍泉金沙塔基礎下出土。元代是青花瓷成熟時期。明代被稱爲青花瓷器黃金時代，胎釉精緻、青色穠艷，造型祥和，紋飾優美；由於景德鎮燒造是選用「蘇麻離青」的進口青料所致。彩瓷可分彩繪瓷器與彩釉瓷器，最早在西晉晚期越窯點彩，便是彩繪瓷器，并有釉上彩和釉下彩的區別。實際釉上彩是在瓷釉上繪彩，后經低溫烘烤，更有五彩、粉彩和琺瑯彩等；釉下彩是在瓷胎上繪畫，上塗透明釉，於高溫下一次燒成，傳統的釉下彩，僅有青花和釉裡紅兩種。至於，彩釉瓷器，是將各類色素溶合于釉料中，燒製出各種釉色的瓷器，於觀賞時，得見陳列，有景德鎮官窯紅釉、藍釉、黃釉、孔雀綠等彩釉瓷器，工藝精美，確是大飽眼福。

其中貿易瓷，作爲中華文明的使者外銷海外，也值得欣賞。我國瓷器行銷海外，早在唐代業已開始、銅官窯、越窯的瓷產就是一例。並且，在東亞、西亞、東非、甚至歐洲等地，曾有我國瓷器出土紀錄。元代以後，長江口更是主要的出海所在，浙江龍泉窯和江西景德鎮窯等，便是燒製外銷瓷器的主要產地；韓國全羅南道木浦島附近我國運瓷的沉船出土一、八一〇件瓷器，就是一項證明。明代永樂、宣德年間，鄭和從一、四〇五年起七下西洋，其中六次是由江蘇省太倉縣瀏河口出海的，載有大量瓷器輸往西亞和東非各國。由於，瓷器主要產地是在長江下游的地區，因此，所乘大型海船就是明代在南京龍江寶船廠建造的，如今，仍有遺址和鐵錨、木材等實物可考。

十里洋場的上海，已無昔日繁華，我以懷古心情，遊覽具有明清兩代南方園林建築藝術風格的豫園。樓閣、假山、石獅、龍檐的精巧與玲瓏，頗具特點。

上海博物館以青銅器做為重點項目之一，我曾專注於夏代的文物。記得在北平看到清乾隆年間大禹治水的玉山，經十年雕鏤，歷三年行八千里路，始從揚州運達，體積壯偉、雕鏤精工。由此進一步瞭解的：「公元前二十一世紀，禹治水成功，被推為夏族領袖，死後其子啓繼位，從此為王位世襲制代替禪讓；夏之主要活動地域，在今河南西部和山西南部，以河南偃師二里頭遺址，命名二里頭文化」。記載於中國歷史博物館的櫥櫃說明中。上海博物館青銅器中，標明二里頭遺址發現的，用陶質塊範法鑄造夏代青銅器，有容器、樂器、兵器和工具等；造型複樸的是我國著名的最早青銅禮器，史稱「萌生期」的，有著夏代晚期（公元前一八－前十六世紀）的「二里頭爵」，嘴形侈張，流尾橫長，前端捲曲伸展，腹下三足細短。圓釘紋「斝」體圓把腹突出，敞口、三脚肥滿关立，專家認定，這些遺存物是夏代文化的部分實證。

陶瓷器在上海博物館中，值得記述的，如：新石器時代（公元前四、一〇〇〇－二、三〇〇〇年）的大汶口出土的鏤空高柄杯，認是黑陶，造型美極。漢代黃釉陶狩獵紋壺，唐代三彩女座陶俑、陶駱駝，另外，唐至五代的邢窯穿帶壺，宋代鈞窯海棠式洗，南宋哥窯五足洗，元代青花纏枝牡丹紋罐，明洪武年間的釉裏紅唐草紋菱花托、釉裡紅牡丹紋大盤，永樂青花果紋水注，萬曆青花龍紋透雕盒子，五彩雲龍紋蓋罐，清康熙釉裡紅螭龍紋瓶，雍正青花釉裏紅龍濤紋大瓶，乾隆琺瑯彩竹菊鵪鶉瓶等，華麗精細，竭盡中華陶瓷工藝的至美。二度大陸之行的最大收獲，就在陶瓷的飽覽無遺。

唯一感到遺憾的，良渚文化的玉器，此次未暇詳觀，幷且，此一長江流域古代文明發祥地之一的良渚文化遺址群內，近又發掘出一處祭壇及相與復合的墓葬，棺內有著豐富的器物，俱屬罕見的。

圖版

②新石器時代（約1萬年～4千年前）猪文黑陶鉢

①新石器時代（約1萬年～4千年前）瓢簞形彩陶瓶

④新石器時代（約1萬年～4千年前）人形彩陶罐

③新石器時代（西元前4100～2300年）大汶口文化黑陶鏤空高柄杯

⑦東漢（西元25～220年）
說唱陶俑

⑤西漢（西元前206～西元24年）彩繪陶儀衛俑

⑥東漢（西元25～220年）
撫琴陶俑

⑧東漢（西元25～220年）
綠釉水波文陶壺

⑩三國吳（西元222～280年）赤烏十四年銘青瓷虎子（我國古瓷銘文紀年最早歷史文物）

⑨漢代（西元前206～220年）黃釉陶狩獵紋壺

⑫西晉（西元265～316年）青釉堆塑飛鳥人物瓷罐

⑪三國・吳（西元222～280年）青瓷羊尊甘露（265）元年五月造

⑬西晉（西元265～316年）青釉獅形瓷水注

⑭西晉（西元265～280年）青釉雙鳥瓷盂

⑮青釉瓷唾壺西晉元康4年（西元294年）

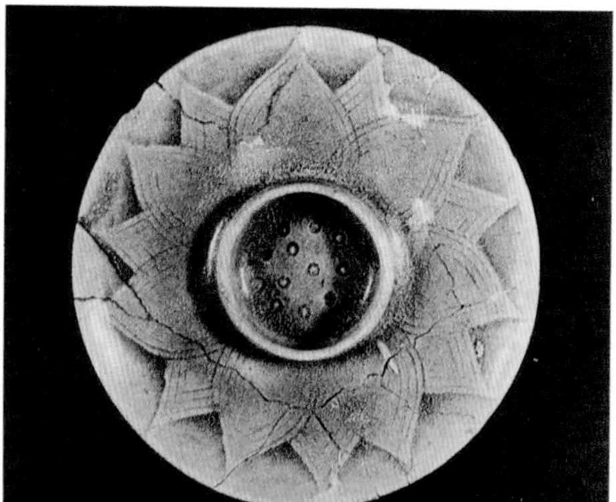

⑯南朝（西元420至587年）青瓷蓮花盞托

⑳北宋（西元960至1126年）
磁州窯黑地白搔落熊圖枕

⑰青釉瓷熊尊南朝（西元
420～589年）

⑲唐（西元618～907年
）三彩鎮墓俑

⑱唐（西元618～907年）抱
鴨壺三彩女俑

㉑宋（西元960～1127年）
越窰青瓷蟾蜍水盂

㉒宋（西元960～1279年）
白地黑花執壺

㉓宋（西元960～1279年）
黃釉綠彩錦地船文磁枕

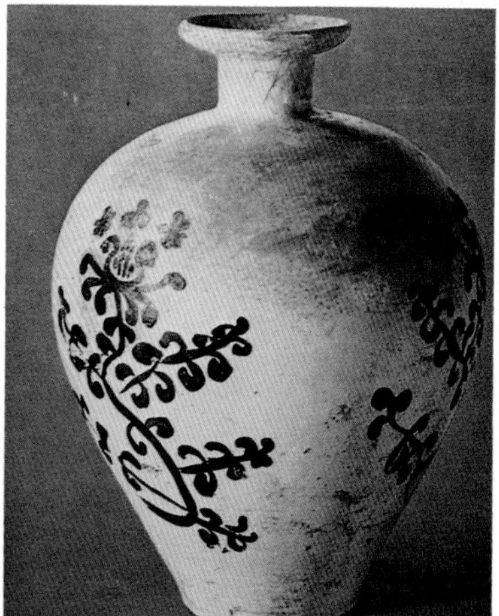

㉔遼（西元907～1125年）
黑釉黑花瓶

㉕南宋（西元1127～1279年）天目銅釦茶盞

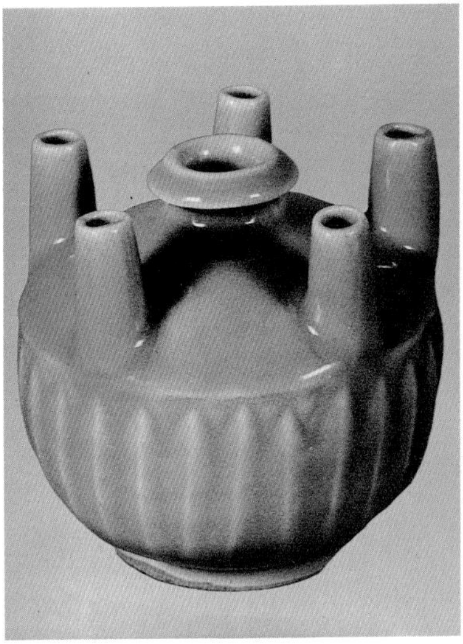

㉖南宋（西元1127～1279年）青瓷多口瓶

㉗南宋（西元1127～1279年）青瓷葵口鉢

㉘南宋（西元1127～1279年）吉州窯葉汶黑釉碗

㉚元（西元1271～1368年）
青白釉人物建築磁枕

㉙元（西元1280～1367年）
黑釉雙耳罐

㉜元（西元1271～1368年）
龍泉窰荷葉蓋大罐

㉛元（西元1280～1367年）
青白瓷印花花卉角形香爐

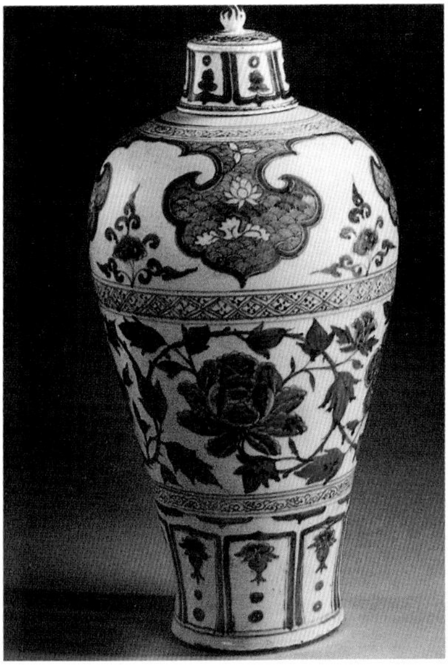

㉞元（西元1280～1367年）
釉裡紅花卉梅瓶

㉝元（西元1271～1363年）
青花雲龍紋荷葉蓋罐

㉟元（西元1295～1367年）
青花纏枝牡丹紋罐

㊱明永樂（西元1403～1424年）青花花果紋水注

㊳明萬曆（西元1573～1619年）五彩瓷龍紋蓋罐

㊲明萬曆（西元1573～1619年）青花龍紋透雕瓷盒

㊴明（西元1368～1644年）時大彬製紫砂壺

㊵清康熙（西元1662～1722年）釉裡紅螭龍紋瓶

㊶清康熙（西元1662～1722年）紅地琺瑯彩花卉紋碗

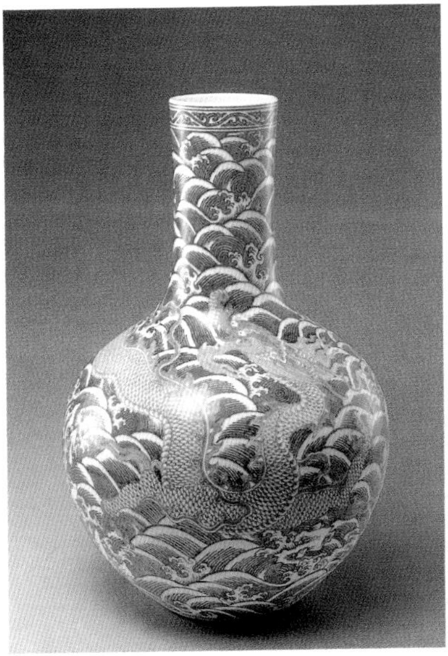

㊷清康熙（西元1662～1722年）五彩荷花雙鳥瓷盤

㊸清雍正（西元1723～1735年）青花釉裡紅龍濤紋瓷瓶

㊹清雍正（西元1723～1735年）釉裡紅玉壺春瓶

㊺清乾隆（西元1736～1795年）琺瑯彩竹菊鵪鶉瓷瓶

㊻清嘉慶（西元1796～1820年）粉彩戲嬰樂舞瓶

㊼紫砂竹節壺清代（西元1644～1911年）

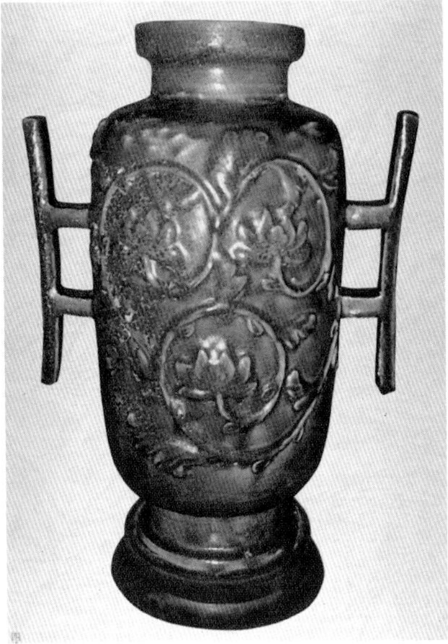

⑲五代周世宗（西元954～956年）柴窯器（待考）

⑱清（西元1644～1911年）琺瑯彩花卉紋瓶

⑸石灣陶塑雙雀

⑸宜興紫砂小壺

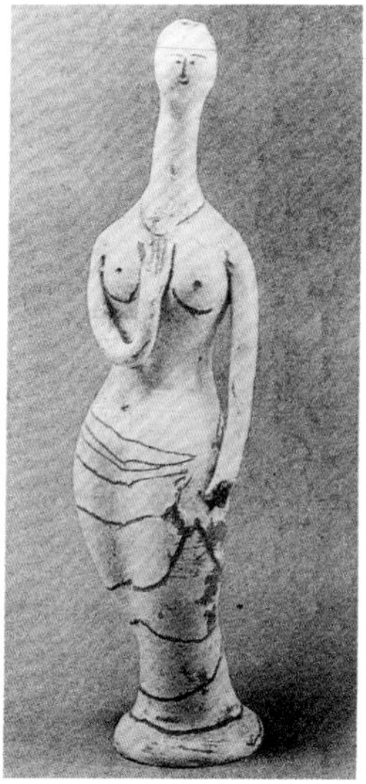

⑭畢卡索陶藝
作品之一

⑫美國華李大學收藏的中國
輸美貿易瓷「十三行」碗

⑮畢卡索陶藝
作品之二

⑬美國華李大學收藏之中國
輸美貿易瓷杯